JN044591

続・民事手続法における適正手続

戸根 住夫 著

信山社

目　次

続・民事手続法における適正手続

1 民事執行，保全による消滅時効障害——今次改正民法案の問題点

はじめに

1　債権法の改正を主眼とした「民法の一部を改正する法律案」は，平成27年第189回国会に提出されて以来審議が継続

しており，未成立であるが，その内容は，民事執行，保全による時効の中断にかかる現行規定の抜本的改正にも及んでいる。

現行民法の該当分野の規定は，はなはだ拙劣，不備であって，その解釈，運用につき実務と学説において混乱が著しい。

私見によれば，判例にはまま誤った理論によって実社会にいびつな結論を強いているものがあり，また，わが国の学界にはかねて民事実体法学者と訴訟法学者との過剰な分業という構造的欠陥が見られることから，この分野における実体法学者の論述は，おしなべて執行手続の基本構造と理論に対する理解，配慮に欠け，訴訟法学者は，おおむね関連の問題につき無関心である。

そこで筆者は，さきに該当分野にかかる現行民法の規定の解釈，ならびに，今次民法改正案成立に先立つ法制審議会の「中間試案」の内容を対象として二編の批判的記述（①「民事執行，保全による時効中断の問題点」拙書「訴訟と非訟の交錯」233頁以下；②「民事執行，保全による債権時効障害（中断)」日本弁護士連合会「自由と正義」2009年12月号113頁以下）を公けにしたのであるが，今次の改正民法案にも，既往の判例，学説の桎梏から脱却せず，むしろ解釈，運用上の困難を増大させている箇所が散在すると考えている。

本稿は，問題点を指摘してこれに対する検討を試みたものである（ただし私見の基本は，前掲二編の拙稿で示したところと変わりがないので，この論述にも旧稿の内容をほぼ踏襲，援用した箇所が少なくない)。

2 本論の記述を進める便宜上，まず現行民法典には見られず改正法案であらたに導入された若干の用語について簡単に説明する。

現行民法に所定の時効の「中断」には，

(a) 裁判上の請求（147条1号）による場合のように，問題となる債権の時効中断効が継続性を伴い時効期間が一定時点まで進行を止めるもの（157条1項）。

(b) 債務の承認（147条3号）による場合のように，中断効に継続性がなく時効期間が即時再進行を始めるもの（147条3号）。

の二態様がある。わが民法典の母法であるドイツ民法の消滅時効（Verjährung）に関する規定は，2001年11月26日公布，2002年1月1日施行のGesetz zur Modernisierung des Schuldrecht（債権の近代化に関する法律）によって大幅に改正され，旧来のUnterbrechung（中断）という文言を廃し，前者(a)の時効期間の継続的進行停止を認めるものにつきHemmungの名称を残し（203条以下），後者(b)の時効期間即時再進行を認めるものにNeubeginn（212条）という新名称を付している。今次のわが改正民法案も，先行する前示ドイツ民法改正規定とは若干の内容的差異はあるが，やはり旧来の「中断」という用語を廃しており，その概念のうち前者(a)のHemmungに対応するものを「時効の完成猶予」（147条〜160条）と，後者(b)のNeubeginnに対応するものを「時効の更新」（147条，148条，152条，154条）と名づけており，名称の変更をもって概念を明確化している。

問題は，民事執行，保全の各手続の全体ないし個々の段階において生ずる時効障害を，立法上「時効の完成猶予」と「時効の更新」のいずれに配分するのが社会の実情に適合し妥当なのかに存する。そしてこの点に関しては，後に詳述するとおり，今次のわが改正民法案の選択，配分には無視しがたい欠陥が見られるのである。

I　民事執行による時効障害（中断）

現行民法 147 条 2 項が時効中断事由としている「差押え」とは，すこぶる拙劣，不明確な文言表現であって，現実には，字義どおりの金銭債権に基づく強制執行手続の第一段階に限られず，換価以降の段階の手続をも含み，さらに非金銭債権執行，担保権実行の競売手続にも及ぶ概念と解されている。

今次の改正民法案 148 条 1 項は，(1) 強制執行，(2) 担保権の実行，(3) 民事執行法 195 条に規定する担保権の実行としての競売の例による競売，(4) 同法 196 条に規定する財産開示手続を「時効の完成猶予および更新の事由」として列挙しており，本稿では，以上の時効障害事由を民事執行法の用語に従い「民事執行」と総称して論を進める。

1　時効障害の始期

現行民法下において，民事執行による最初の時効中断効がいつ発生するかについては，かつて各種執行手続にかかる所管執行機関の分掌に伴い論争があったが（その概要については，前掲拙稿「民事執行，保全による時効中断の問題点」236頁以下），現在では，執行機関がいずれでであっても一律に執行申立ての時点であるとする正しい判例理論（最高裁昭和59年4月24日判決・民集38巻6号687頁）が確立しており，ほとんど異説を見ない。

今次改正民法案下における民事執行による時効障害についても，同法案148条1項の文言に照らし，一律に民事執行の申立てが完成猶予効果の発生時点となると解すべきである（ドイツ民法新規定212条1項2号も同じ）。

2 判例，通説と改正民法案が認める時効障害（中断効）の継続性

現行民法に関するわが国の判例，通説は，おしなべて，当初の執行申立てによって基本となった執行債権の時効が中断すると，その時点から当該執行が終了するまで中断効が継続し，有効期間の進行が停止すると解している（大審院大正6年1月16日判決・民録23輯1頁，同大正10年6月4日判決・民録27輯1062頁，最高裁平成18年11月14日判決・民集60巻9号3406頁。鳩山・法律行為乃至時効640頁；我妻・新訂民法総則469頁；川島・民法総則499頁）。

上記の判例，通説は，その正当性が永年ほとんど疑われていない。そして今次の改正民法案は，その148条によると，上記

わが国既往の判例，通説とおおむね軌を一にし，さらにその方向を規定の文言でより明確に表明している。すなわち，まず執行申立てにより時効期間の進行が停止し，その時効が一定時点──同条の表現によれば「**その事由**」（強制執行等）の終了時点──まで**完成猶予**され，かつその時点で時効の**更新**が生じ，新たにその進行を始めるというのである。

しかしこの中断効継続説は，外国の立法と学説で通用している例があるかどうか詳らかにしないが，少なくともドイツにおける新旧法制と判例，学説にあっては，後述のとおりこれを支持する向きが見当たらない。そして私見によれば，わが国の現行実定法上も根拠が明らかでない謬論と断ずべきである。

（1） まず，現行法には執行債権の時効中断効の継続性をはっきり認めた規定が見当たらない。現行民法 157 条 1 項によれば，「中断した時効は，その中断の事由が終了した時から，新たにその進行を始める。」というのであるが，これは，「中断事由の終了」という抽象的文言表現を用いた具体的適用の場と意味内容が判然とせぬ規定といわねばならない。

例えば，民事執行の大部分を占める金銭債権執行についていうと，その手続は，執行申立ての明示の対象である「差押え」の段階にとどまらず換価，配当の手続段階にも続くのを通例とするが，その場合，民事執行の申立てを始期とする執行債権の時効中断の事由は，何時の時点で終了し，それまでは時効期間の進行が止まるというのか，規定の文言からは何も明らかでない。

「裁判上の請求」によって中断した時効については，同条2項が，「裁判が確定した時から，新たにその進行を始める。」としており，意味内容が明確であるけれども，同法147条2号の「差押え」による時効中断効については，同条3号の「承認」によるそれと同様，時効期間進行の継続性に関する個別具体的規定を欠いているのである。それにもかかわらず，同法157条2項の規定からある時期までの継続性を類推しようと考える向きもあるが，強引に過ぎるであろう。

（2） 執行申立てによる時効障害に継続性があるものとし，その間における時効進行の停止を肯定するのであれば，その進行停止期間の終期を明らかにすることが次の問題となる。判例，通説は，これを当該**執行手続の終了時**としているようであるが，後述のとおり，各種，多様の手続事案における当該終了時点の確定，明示とその説明に成功しているとはいいがたい。

そもそも強制執行（担保執行もこれに準ずる）の終了の概念には，執行債権と執行費用の完全な満足を意味する「**全体としての執行手続の終了**」(Beendigung des gesamten Vollstreckungsverfahren）と具体的執行申立てで開始した「**個々の執行処分の終了**」(Beendigung einzelner Vollstreckungsmaßnahmen）の二義があるところ，――従来の判例・学説には両者の区別に対する認識の疑わしいものも散見されるが，――ここで論議すべきは，もっぱら後者の概念での執行手続終了時についてである。

しかし，元来この概念での強制執行の終了は，執行異議，執行抗告の申立て，第三者異議の訴えの提起，執行申立ての取下げ，執行処分の停止または取消し，遺産に対する執行の続行，配当要求について，その適否ないし能否の基準時点を画するという，もっぱら手続法上の効果に関連して意味が認められるものである（Stein/Jonas/Münzberg, ZPO 22.Aufl. vor§704 Rdnr. 14.; Gaul/Schilken/Becker-Eberhard, Zwangsvollsreckungsrecht 12.Aufl. §44 Rdnr.1, 11.）。

この概念が執行債権の時効障害の終期を画するという実体法上の効果に連動させて援用されるということは，立法者が予期していなかったところといわざるを得ず，後述のとおり実際上の結果も妥当でない。

3　判例，通説の破綻

従来の判例，通説と今次の改正民法案の採用する執行債権の時効障害継続説に従うならば，債権に対する強制執行，ならびに，非金銭債権についての代替執行および間接強制の場合，実際上しばしば奇怪な結論に到達するのである。

（1）（債権に対する強制執行の場合）通説がしばしば援用する大審院大正6年1月16日判決（民録23輯1頁）によれば，「差押ニ因ル時効ノ中断ハ，差押ヲ以テ為シタル強制執行ノ終了スル迄継続シ，其終了シタル時ヲ以テ民法第百五十七條ニ所謂時効ノ事由ノ終了シタル時ト為ス。而シテ強制執行ハ之ニ依リテ債権者カ債権ノ弁済ヲ得タル時ニ於テ終了スルモノニシテ，金銭債権ニ対スル強制執行ハ，差押タル債権ニ付キ転付命令ノ発セラレタル場合ニ債権ノ存スル限リハ民事訴訟法第五百九十八條第二項ノ手続カ為サレタル時（現行民事執行法では同法159条5項による転付命令の確定時）ニ終了ス。何トナレハ，右ノ手続ヲ為スニ因リ債務者ハ債権ノ弁済ヲ為シタルモノト見做サルレハナリ。」というのである。

この判旨は，転付命令が早期に発令され，やがて執行債権が完済される場合を通例と考えているかのような文言を用いているけれども，差押命令を得た債権者が転付命令を申し立てるには終期の制約がないから，債権者の怠惰や不誠実のため転付命令までの間が長期にわたることは，決して異例ではない。転付命令の送達（現行法では確定）にもかかわらず執行債権が残存する場合，判旨は（強制執行の終了の概念には上記の二態様があることの認識が足りないためか）明言していないので，残存債権の時効が中断したままかどうかの概念も生ずる（正しくは，残存債権の有無に関わらず転付命令の送達または確定をもって執行終了を肯定すべきである。大審院昭和8年4月18日決定・民集12巻724頁）。

また差押債権者による執行債権の取立ては，転付命令を経由しない案件の方が圧倒的に多いのであるが，この場合の強制執行手続の終了時期は，債権者が（第三債務者に対する取立訴訟を経由していても経由していなくても）取立てを了した時（民事執行法155条3項）と解されている（Stein/Jonas/Münzberg, ZPO 22.Aufl. vor §704 Rdnr. 118. 吉川「強制執行の終了時」増補仮処分の諸問題500頁，中野＝下村・民事執行法横組初版327頁。なお，大審院明治32年12月6日判決・民録5輯11巻25頁，菊井・強制執行総論185頁，兼子・増補強制執行法129頁は，債権者が取立終了を執行裁判所に届け出た時と解している）から，それまでは債権者が取立の権利行使（説によってはさらに取立届の提出）を意識的または無意識的に長期間懈怠しても（その実例はまれではあるまい），時効期間が満了しない結果を容認しなければならない。さらに配当手続実施されると，配当の完了時にようやく強制執行手続の終了を見ることになる（Stein/Jonas/Münzberg, a.a.O. vor §704 Rdnr. 121.; 菊井・前掲書同頁）。

こうした諸種の場合における強制執行終了の時点は，前述のとおり，執行異議，執行抗告の申立て，第三者異議の訴えの提起，執行申立ての取下げ，執行処分の停止または取消し，遺産に対する執行の続行，配当要求について，適否ないし能否の基準時点にはなるが，この時点まで執行債権の時効期間の進行停止を認めねばならぬとすれば，その実際上の結論も妥当ではないと思われる（諸家は，上記各種態様の強制執行終了時点を摘示するにあたって，執行債権の時効完成の随伴効果まで想定していたわけではあるまい）。

（２）（代替執行，間接強制の場合）非金銭債権に基づく民事執行法117条の代替執行が実施される場合，執行裁判所の役割は，授権決定と費用予納命令に限られ，その後は債権者自身が授権された行為を実行し，または授権決定に指定された者に実行させせる運びになる。そしてこの場合の強制執行終了時は，授権決定の発令や告知ではなく，目的の行為が実行された時である（Stein/Jonas/Münzberg, a.a.O. vor§704 Rdnr.118. 吉川・前掲論文511頁，菊井・前掲書同頁）。

また，同法第174条の間接強制の場合の強制執行終了時も，強制金決定の発令や告知の時ではなく，同決定を受けた債務者が義務を履行し，または債権者が執行裁判所外で強制金の取立を了した時である（菊井・前掲書同頁）。そうすると，いったん授権決定なり強制金決定なりを得た債権者が，その後の権利行使をいくら長期間懈怠しても，従来の通説によれば，その間執行債権の時効が進行しないという結論になるが，これも不合理といわざるを得ない（RG, Urt. Von 4.4.1930. RGZ 128 76. は，この点に関する重要な裁判例である。大阪地裁昭和51年3月29日判決・判時840号92頁は，代替執行の授権決定を得た債権者がその後の権利行使を懈怠した事案につき，通説を排し執行債権の時効完成を是認している）。

（3） 以上の次第で，執行申立てによる時効期間の進行停止が当該執行手続の終了時まで継続するという従来の判例，通説は，支持しがたいけれども，何も現行民法の明文規定に根拠があるわけではないから，現時点では，法解釈と運用をもってこれを排除は得る余地が残されているはずである。

4　ドイツにおける理論と法制の進展

（1）　2001年改正前のドイツ民法209条2項5号の規定では，「執行行為の実施と強制執行に向けられた申立て」（die Vornahme einer Vollstreckungshandlung und, ………, die Stellung des Antrags auf Zwangsvollstreckung）を執行債権の時効中断事由としていたのであるが，日本民法と同様，この場合の中断により時効期間の進行が継続的に停止するのか，それとも直ちに再進行を始めるのかについて明文の規定を欠いていた。

しかし，上記の点に関する判例，学説は，わが国におけるそれと全く異なる。それは，「執行の実施に向けられた債権者の申立て，ならびに，執行機関の諸般の執行行為は，いずれも執行手続の進行過程でそのつど反覆して執行債権の時効を中断するものであるが，かくして中断した時効は，いずれもその時点から直ちに再進行を始める。」というのであった（RG, Urt. Von 4.4.1930. RGZ 128 76.; BGH, Urt. Von 18.1.1985. BGHZ 93 295=NJW 1985 1711f.; Staudinger/Dilcher, BGB 12.Aufl. §209 Rdnr.35,37,38.; Staudinger/Peters, BGB 13,Aufl. §209 Rdnr.93-1,103,104.; Palandt/Heinrichs, BGB 59.Aufl. §216 Rdnr.1.; Stein/Jonas/Münzberg, ZPO 21.Aufl. vor §704 Rdnr.125.）。

この理解は，ドイツにおいて古くから確立しているのであって，これに異論を挟む向きがあったことを知らない（わが国の判例，学説は，おしなべて上記ドイツの伝統的理論を全く等閑視しており，他の分野における解釈法学の傾向に徴すれば，まことに不思議な現象といわざるを得ない)。そして2001年改正後のドイツ民法典は，前示旧法下の理論を踏襲してさらにこれを明確化する表現内容になった。

すなわち，時効のUnterbrechung（中断）という旧来の文言を廃し，(a)同法203条ないし208条に列挙の，債権者，債務者間における請求権の存否，根拠事由をめぐる交渉の係属，各種訴えの提起，督促手続における支払命令の送達，訴訟における相殺の主張，倒産手続における債権届出，仲裁手続の開始などの場合には，時効のHemmung（わが改正民法案の用語では「時効の完成猶予」）があり時効期間の進行が一定の時点まで継続して停止するけれども，(b)執行行為の実施とその申立ての場合には，同法212条1項2号により債務承認などの場合とひとしく，時効のNeubeginn（わが改正民法案の用語では「時効の更新」）があるもので，時効期間が直ちに（正確には同法187条により初日不算入で）再進行するものと明記したのである。

（2） 民事執行による時効中断事由について，現行日本民法147条2項の「差押え」という文言は，形式上たしかに金銭債権執行の第一段階だけを指称しているかのようである。私の憶測によれば，その不用意な立言が判例・学説に中断効継続の先入観（誤解）をもたらした誘因であろう。

しかし，この規定の根拠となったドイツ民法旧209条2項5号の文言である „die Vornahme einer Vollstreckungshandlung und, …………, die Stellung des Antrags auf Zwangsvollstreckung“（「執行行為の実施，ならびに，………強制執行の申立ての提起」）にも，これに対応した2001年改正後の同法212条1項2号の文言の„wenn …………eine gerichtliche oder behördliche Vollstreckungshandlung vorgenommen oder beantragt wird“（……裁判所または官庁の執行行為が実施されまたは申し立てたとき）にも，執行手続の段階による限定を思わせる表現は見当たらない。

したがってそこでは，債権差押命令の申立てとこれを容れた差押命令のつど執行債権の時効の進行に障害が生じても，その障害に継続性が否定され直ちに時効期間が再進行するものであって，差押えに続く取立命令（ドイツ民訴法835条，日本旧民訴法602条），または転付命令（ドイツ民訴法835条，日本旧民訴法601条，民執法159条）やこれらの執行処分の申立てにおいて再度独立の時効障害事由を肯定するのに何の障害も存しない。このようにして，執行債権の時効が過度に早期に完成する懸念が避けられているのである。

（3） 不動産の強制競売と担保権実行の手続は，債権者の申立てによりいったん開始すると，もっぱら裁判所の職権による追行が続き，もろもろの段階を経て終了までにしばしば長期間を要するものである。

しかしここでも，競売開始決定とその申立てによる執行債権の時効中断効に継続性を否定した場合，競売手続の続行過程で突如時効が完成することを懸念する必要はない。文献でしばしば肯定的に引用されているドイツ連邦大審院1985年1月18日判決（BGH, Urt. Von 18.1.1985. BGHZ 93 295= NJW 1985 1711f.）の説示によれば，競売開始決定とその申立て（ドイツ強制競売，強制管理法15条以下）にとどまらず，停止した手続の続行申立て（同法31条1項），競売期日の指定（同法35条以下），最低売却価格その他の売却条件の決定（同法44条以下），売却期日の実施と売却許否の決定（同法79条以下），配当期日の指定，配当表の作成と実施（同法105条以下）といった執行手続の各段階におけるすべての執行行為の実施と申立てが，そのつど執行債権の時効を中断するのである——この立場は，わが国既往の通説と手続運用に慣れた者に少なからぬ奇異の感を与えかねぬものであるが，日本民事執行法上の手続にも類似の対応規定に置き換えて適用するのになんの障害もないはずである——。

それ故，競売手続が段階的に進行する過程で手続停止の仮の処分が命ぜられるなど不可避の執行停止状態が長期にわたるような異常な事態（この場合は，時効が完成して債務名義を取り直す必要が生じても仕方がない）が生じなければ，手続の進行中に執行債権の時効が不当に完成することは，実際上ほとんどないといってよい。

（4） 以上の次第で，私は，民事執行による時効障害について，有効期間の即時再進行（Neubeginn）を認めるところのドイツにおける伝統的判例，通説と2001年民法改正法規の採る立場が，日本法の解釈，運用，ならびに，法典改正の指針としても妥当なものと信じているのである。

5　改正民法案下における合理的解釈，運用のあり方

今次改正民法案は，前述のとおりその148条によると，わが国既往の判例・通説とおおむね軌を一にし，執行申立てにより時効期間の進行が停止して一定時点──同条の表現によれば「その事由《強制執行等》」の終了時点──まで時効の完成が猶予され，その時点で時効期間の更新が生じ，新たな時効期間の進行が開始するというのである。

したがってその指向するところは，私見と全く相容れないけれども，既に関係機関による審議を了して国会の通過を待つばかりの段階に至っているのであるから，問題は，法案の内容を受け入れて，これをできるだけ社会の要請に適合させるように合理的な解釈，運用を考えることでなければならない。それは，とりわけ私のような立場の者にとって少なからぬ抵抗感を伴う困難な作業であり，現状では指針に値する文献も乏しく，未だ確信に近い結論を得たとはいいがたい。

しかし，問題を提起するという意味合いもあろうから，以下において未熟な私見の一端を開陳は，諸賢の批判に期待して後日の補正に備えたい。

（1）「強制執行の実施に向けられた債権者の申立て，ならびに，執行機関の諸般の執行行為は，いずれも執行手続の進行過程でそのつど反覆して執行債権の時効の進行を阻むものであ

るが，その時効は，いずれもその時点から直ちに再進行を始める。」というドイツにおける伝統的理論とこれを踏襲したかの地の改正民法典の立場は，正論と考えるが，わが改正民法案の下では，遺憾ながら解釈，運用において準拠することができない。

（2） 今次改正民法案は，その148条によると既往の判例，通説をおおむね踏襲し，執行申立てにより時効期間の進行が停止して——同条の表現によれば「その事由」の終了時点——まで時効の完成が猶予されるというので，その原則は，もとより運用上遵守せざるを得ない。しかし同条の文言は，執行申立てによる時効の完成猶予期間がすべて「当該強制執行等の終了時」までであると断定しているのではない。

そこで，極めてささやかな抵抗と提案であるが，(a)非金銭債権に基づく民事執行法117条の代替執行の場合の時効完成猶予期間は，目的行為の実行完了という強制執行終了時ではなく，これに先行する授権決定の告知，発効時までであり，(b)同法第174条の間接強制の場合の時効完成猶予期間も，債務者の義務履行や債権者の強制金取立て完了という強制執行終了ではなく，強制金決定の告知，発効時までであると解したい。

Ⅱ　民事保全による時効障害（中断）

1　時効の完成猶予事由たる「仮差押え，仮処分」とは何か

（１）　2001年改正前のドイツ民法には，仮差押え，仮処分を被保全権利の時効中断事由とする旨の規定を欠いていたけれども，同法下の判例，通説は一致して，「仮差押え，仮処分命令ないしその申立てには被保全権利の消滅時効を中断する効力がないが，仮差押え，仮処分の執行は，強制執行（Zwangsstreckung）の一種であるから，同法旧209条2項5号の適用により，当該執行手続にかかる執行機関の執行行為の実施と債権者の申立てが中断効を有する。」と解していた（Oertmann, Allgemeine Teil §209 Bem.2c; Staudinger/Peters, BGB 13.Aufl. §209 Rdnr.98.; Palandt/Heinrichis, BGB 59.Aufl. §209 Rdnr.21,23.; Stein/Jonas/Grunsky, ZPO 22.Aufl. vor §916 Rdnr.10.）。

わが現行民法147条2所定の時効中断事由たる「仮差押え又は仮処分」について，古い学説は，（2001年改正前のドイツ民法下における理解と同様）執行手続説を採り執行機関の執行行為着手ではじめて被保全権利の中断効が生ずると解していたが（鳩山・法律行為乃至時効640頁，松岡・保全訴訟要論110頁など），近時の判例と圧倒的多数の文献（大審院昭和2年12月3日判決・新聞2809号13頁；我妻・新訂民法総則469頁；兼子・増補強制執行法306頁；中野・民事執行・保全入門309頁など）は，

狭義の裁判手続に属する保全命令の申立てにより時効が中断すると解している──私は，現行法の下では中断効否定説が正当であると考えているが（拙稿・「民事執行，保全による時効中断の問題点」訴訟と非訟の交錯 249 頁以下），本稿の主題からそれるので詳論を避ける。

（2） 現行民法の解釈論の概要は，上記のとおりであるが，民事保全命令の申立ても，訴えの提起などとひとしく私権の救済を裁判所に求める法的手段であるから，これに時効期間の進行停止の効果を与える立法は，それ自体筋が通っており，同じ効果は，おおむね停滞なく訴えを提起すれば十分に得られるけれども，若干の実益がないではない。そこで 2001 年改正後のドイツ民法は，以前の立場を改め，その 204 条 1 項 9 号において「**仮差押え，仮処分または仮の処分の発令に向けた申立ての送達**（die Zustellung des Antrags auf Erlass eines Arrests, einer einstweiligen Verfügung oder einer einstweiligen Anordnung）または送達不能の場合における「**申立ての提起**」（dessen Einreichung）について，時効期間進行停止（Hemmung）の効果を認めているのである（後の議論にも関連するので予め付言するが，この Hemmung に関する規定は，もちろん随伴する仮差押執行，仮処分執行の経過や結果とは全く無関係である。Palandt/Heinrichs, BGB 65.Aufl. §204 Rdnr.41.）。

そして，今次改正民法法案に先立つ中間試案も，「**仮差押命令その他の保全命令の申立て**」を「時効の停止事由（「完成猶予事由」と同義)」と明記していた（第7・7(1)カ）。その文言を素直に読めば，ここでの申立ては，民事保全法2条1項の申立てそのもので，もっぱら同法第2章第2節所定の「保全命令」を対象としたものと解される。すなわち同試案には，同法2条2項，第2章第3章所定の「保全執行」を時効の停止事由に含める旨の文言が欠けていたわけであるが，何故そのようにしていたのかは，よくわからない。

（３） ところが今次の改正民法案にあっては，その149条において，民事保全による時効の完成猶予事由につき前示中間試案の文言表現を廃し，単に「**仮差押え**」(1号）と「**仮処分**」(2号）と定めるにとどめている。すなわち，時効の完成猶予事由となる「**仮差押え**」と「**仮処分**」とは，もっぱら民事保全法第2章で規制される保全命令の概念なのか，それとも同法第3章で規制される保全執行を含む概念なのかを明記していないのであって，立案者が関係規定の文言をそのように改めた理由は，確知することができない。

（４） 広義の裁判手続に属する保全命令手続と強制執行手続の一態様たる保全執行手続とは，法文上も理論上も峻別されて異質であり（最高裁昭和31年1月31日判決・民集11巻1号188頁），民事保全による時効の完成猶予事由にかかる立法と論述においても，両者の峻別を明確に意識し，できれば文言上も明確にしておくことが肝要であると信ずる。しかるに従来の通説を採る論者の多くは，保全命令の申立てに被保全権利の時効中断効を認めるが，その際当該保全命令に連動する保全執行の申立てと実施に独自の中断効を認めるかどうかについては，黙して語らない。

すなわち，さきの保全命令の申立てに基づく時効の中断効が継続していつしか異質の保全執行手続――さらには続く本執行手続――の間にも及ぶというのであって，その間の論理は，すこぶる透明性を欠いている。保全命令と保全執行の両者が結合しはじめて時効中断事由を構成すると説く見解もあるが（吉川「保全処分命令申請の効果」増補保全訴訟の基本問題246頁は，これを強調する），保全命令手続と保全執行手続とは現に段階的に分別されており，その各個に時効中断事由を肯定することが当然に背理とは到底認めがたい（吉川説に対する反論の詳細については，前掲拙稿250頁以下）。

2　保全命令の申立てに時効の完成猶予事由を認めた場合の問題

上述の次第で，今次の改正民法案がその149条において単に，「仮差押え」と「仮処分」を時効上の完成猶予事由と記述しているのは，少なくとも文言表現の点で妥当を欠く。しかし，前述した先行の中間試案からの沿革や関連する既往の判例，学説，立法の動向などに徴すれば，今次改正民法案の同条が保全命令の申立てについて時効完成猶予事由を肯認するものであることは，疑いないと考える。

そうすると同条は，先行する中間試案（第７−７(1)カ）の建前を踏襲し，（「仮差押え」，「仮処分」から読み替えた）「保全命令の申立て」があったときの完成猶予について，「その事由が終了した時から６箇月を経過するまでの間は，時効は，完成しない。」としていることになる。ここにいう「その事由が終了した時」とは，かなり曖昧な文言で正確な意味内容の理解には後述のとおり問題を残しているけれども，同条の規定は，2001年改正後のドイツ民法が，前述のとおり，その204条１項９号において，仮差押え，仮処分または仮の処分の発令に向けた申立ての送達または送達不能の場合における「申立ての提起」については，（仮差押執行，仮処分執行の経過や効果と関係することなく）時効期間の進行停止（Hemmung）の効果を認め，なお同条２項において，その進行停止の期間を仮差押え，仮処分命令の形式的確定またはその他の事由による手続終了から６か月後までと定めているのと，おおむね同趣旨に出たものと解すべきであろう。

すなわち，日独双方の立法作業において，本案の裁判，執行，ならびに，保全執行に先駆する保全命令の手続の段階で，その被保全権利につき，時効の進行停止，完成猶予の期間が不当に長期化することを避止するための合理的配慮がなされたものと認められるのである。

3 保全執行の手続過程に時効の完成猶予事由を認めた場合の問題

（1） 前述のとおり，ドイツ民法典には，2001年改正の前後を通じ，仮差押え，仮処分執行を被保全権利の時効障害事由とする旨の明文規定を欠いているが，これは保全命令を債務名義とする強制執行の一態様にほかならず，ここでも強制執行とその申立てによる時効障害に関する法規と理論が当然に直接妥当すると一般に解されているからである。しかし日本現行実定法上においては，保全執行が民事執行法にいう「強制執行」には含まれないから，保全執行の手続過程に時効の完成猶予事由を認めるのであれば，それに相応する格別の明文条規を用意するのが本来の筋道であった。

以上の次第で，今次改正民法案149条の文言は曖昧であるけれども，立案者が意識的に保全執行の手続過程を被保全債権の時効完成猶予事由から排除したものと解するのは，臆断に過ぎるであろう。

同法案がこれを時効完成猶予事由に包含させているとの結論は，既往の関係判例，理論，内外の法制の動向等に徴し否めないと考える。ただしその場合，改正法案の解釈と運用に関し下記のとおり各種の複雑な問題に逢着するのである。

以下，項を改めて詳述する。

（2） 改正民法案149条は，先行する中間試案（第7－7(1)カ）の建前を踏襲し，「保全命令の申立て」があったとき，「その事由が終了した時から6箇月を経過するまでの間は，時効は，完成しない。」としているところ，これは，2001年改正後のドイツ民法204条1項9号と趣旨を同じくし，本案の裁判や執行に先駆する保全命令の手続段階で，被保全権利につき時効の進行停止，完成猶予の期間の長期化を避止するための合理的配慮を施しているものと解されることは，さきに詳述した(2)。そしてこの法案149条は，保全命令の申立てだけでなく「仮差押え」，「仮処分」一般に関わる規定であるから（後述のとおり，この点の立案措置には問題があるが），保全執行の手続過程に時効の完成猶予事由を認めたときにも当然適用があるものと解される（したがって，保全執行手続を組成する執行機関や債権者の個別の行為につき継続性のない時効障害を認めるドイツ法流の考え方は，純理ならびに立法政策として妥当であると信ずるけれども，わが改正民法案の下では適用し得ない）。

（3） ただし上記の場合，時効完成猶予期間の終了から6か月を遡る時点――法案149条の表現では「その事由が終了した時」――の確定が問題となる。この時点は，法案148条の強制執行による時効完成猶予事期間時点である「その事由が終了した（時）」と類似の文言表現によって示されており，後者の場合の完成猶予期間終了時点は，通説において「当該強制執行の終了時」と解されている（II2(2)）。

しかし，これに準じて保全執行の場合の「その事由が終了した時」を「当該保全執行の終了時」と認めるのは，失当であろう。保全執行と本執行との間に時期的に明確な分岐線の存在を想定する考え方にも賛成することができない。

イ　そもそも仮差押執行の終了時という基準時設定は，それ自体合理性を欠く（以下この項の既述は，拙稿・「民事執行，保全による時効中断」訴訟と非訟の交錯258頁以下の再現である）。仮差押えの執行は，それ自体では換価に進み得ない点を除くと，本執行における差押えと性質，構造を同じくしている。したがって，仮差押債権者が，本案の債務名義を取得し，執行文の付与を受け，債務名義の送達を経るなど，強制執行の開始の条件を満たした上で本執行の申立てをすれば，執行機関は，直ちに換価以降の手続を施行することができ，この場合差押えの反覆は，不必要と解されている（Stein/Jonas/Grunsky, ZPO 22. Aufl. §930 Rdnr.11.; Heinze, MünchKomm ZPO 2.Aufl. §930 Rdnr.13. Gaul/Schilken/Becker-Eberhard, Zwangsvollstreckungsrecht 12,Aufl. §78 Rdnr.16.）。

例えば，既に仮差押執行で動産を占有している執行官は，直ちに競売を実施することができる。債権が執行目的の場合，債権者が本案の債務名義の執行力のある正本を所持し，本執行の要件が具備してから民事執行法155条1項所定の1週間を経過しておれば，本執行での差押命令がなくてもその債権を取り立て得るものと解したい（反対：三ケ月・民事執行法489頁）。転付命令については，もちろん本執行の差押命令の先行経由を要しない。

以上の次第で，本執行とは別個に「仮差押執行の終了時」という独立の概念を定立することは，無意味というべきであり，また，実際上もその時点を明確に認識することは困難である。不動産に対する強制管理の方法による仮差押えの執行が本執行に転移する場合も，再度の差押宣言を含む強制管理開始決定は不要である。

仮処分の執行，ことに作為，不作為の満足的仮処分の執行による時効障害の終期について，私見に反対の論者がその主張を構えるのかどうかは，判然としないが，この場合についても，本執行の終了時とは概念的に区別される「仮処分執行の終了時」を想定し，具体的案件で明確に認識することは，無意味，かつ至難であろう。

さらに，「個々の強制執行の終了」とは，もっぱら諸般の手続法上の効果に関連して意味が認められる講学上の概念であり，これを執行債権の時効障害の終期という実体法上の効果の認識に連動させて援用することに合理性がないことは，さきに詳述したが（Ⅱ2⑵⑶），この一般論は，強制執行の一態様である保全執行についても当然妥当するものと信ずる。

ロ　前述のとおり，改正民法案149条が「その事由（「仮差押え」，「仮処分」）が終了した時から6箇月を経過するまでの間は，時効は，完成しない。」としているのは，保全執行の手続過程に時効の完成猶予事由を認めたときにも適用を肯定せざるを得ない。

しかし同規定は，ドイツ民法新規定204条1項9号，ならびに，中間試案の対応規定との対比から明らかなとおり，本来はもっぱら保全命令の申立てによる時効障害を想定し，その場合に合理性が認められる内容の規定である。これを保全執行による時効完成猶予の終期を画する場合の基準時を「当該保全執行の終了時」とする考え方と連結すれば，その執行終了時からさらに6か月を経ないと時効が再進行しないことに帰着する。その場合，上記6か月の付加期間中も時効の完成が猶予されるというのは，はなはだ奇怪な結論であるといわねばならない。

（4）　それでは，民事保全執行による時効完成猶予期間につき，その終了から6か月を遡る基準時点，すなわち改正民法法案149条のいう「**その事由が終了した時**」をいかに確定すべきであろうか。

この問いに対する回答は，もとより(1)論理的に整序され，かつ(2)すべての案件に対応し得る明確なものであることが望ましいが，遺憾ながら私見は，未だ上記のいずれの案件も充たしたものでない。そこで，保全執行の全態様の案件から主要なものだけを抽出して，些か恣意的の嫌いなしとせぬ未熟な提案であるが，保全執行の使命が本執行の先駆にすぎぬことに着眼し，時効完成猶予期間が過度に長期になることを避け，問題の基準時点としては，債権者の保全執行申立てに基づき執行機関が実施した執行処分の初期根幹部分の完了時点を選ぶこととした。

すなわち，(a)不動産に対する仮差押えの登記をする方法による執行の場合は，その登記の完了時，(b)強制管理の方法による場合は，管理人が目的不動産の管理を現実に開始した時，(c)動産に対する仮差押えの執行の場合は，執行官が目的物の占有を現実に開始した時，(d)債権に対する仮差押えの執行の場合は，差押決定の第三債務者に対する送達の時，(e)不動産の処分禁止の仮処分の執行の場合は，当該処分禁止の登記が完了した時，(f)代替執行の場合は，授権決定の告知，発効の時，(g)間接強制の場合は，強制金決定の告知，発効の時と解してはどうであろうか。読者諸賢からの批判を待ちたい。

4　既往の判例，通説の失効

最後に付言するが，民事保全による時効中断に関する現行法下における後記の重要な判例，通説は，今次の改正民法案が施行されると，必然的に現実には通用の余地がなくなるものである。

（1）　前にも簡単に触れたところであるが（1(4)），従来の多数説は，民事保全による被保全権利の時効中断効を論ずるに当たり，保全命令の申立てとこれに連動する保全執行の申立て，実施との峻別を明確に意識していない。すなわち，既往の判例，通説（最高裁昭和59年3月9日判決・判時1144号42頁；同平成6年6月21日判決・民集48巻4号1101頁；同平成10年11月24日判決・民集52巻8号1737頁など。我妻・新訂民法総則474頁；川島・民法総則499頁；吉川・「保全命令申請の効果」増補保全訴訟の基本問題246頁など）は，こぞって被保全権利の時効が保全命令の申立てによって中断し，その中断効は，例えば不動産に仮差押えの登記が長期間付着したままの事案における その付着期間中，さらに当該保全執行に本執行が連動すれば，その本執行手続の終了時まで継続すると解しているのである。そして近年数次の最高裁判所判決は，一貫して従来の立場を鮮明にし，一時期続いた異説の下級裁判所判例と学説を圧倒し，今日に至っている（私は，かねてこの中断効継続説が現行法下で誤りであると信じており，その旨を旧稿で詳述したが（前掲拙稿253頁以下)，本稿ではこの論述を反覆する要を見ない)。

（2） しかし，改正民法案149条は，(既述のとおり，文言表現が曖昧なので正確な意味内容を把握しがたい規定であるにせよ，) 民事保全による時効障害を規制する唯一の基本条規である。そして同条の内容については，既に詳述したとおり，(1)保全命令の申立てをもって始まる時効の完成猶予期間が，同法案147条所定の本執行にかかる手続進行と時効障害に関連しないように設定されていること，ならびに，(2)民事保全の手続過程で被保全権利の時効の進行停止期間が不当に長期化しないように配慮されていることに着目すべきである。したがって，前段に適示した関連分野にかかる現行法下の判例，通説は，改正民法案の内容と基本的に相容れないから，同法案の施行によって必然的に適用の場を失うに至るものといわなければならない。

(判例タイムズ1427号〔2016年〕)

2 嫡出否認，父子関係不存在確認の適正裁判手続

はじめに

最高裁判所平成26年7月17日判決（民集68巻6号545頁以下）は，「夫と民法772条により嫡出の推定を受ける子との間に生物学上の父子関係が認められないことが科学的証拠により明らかであり，かつ，夫と妻が既に離婚して別居し，子が親権者である妻の下で監護されているという事情があっても，親子

関係不存在確認の訴えをもって父子関係の存否を争うことはできない。」と判示した。

筆者は，法解釈論に関する限り（後述のとおり一部賛成しがたい点もあるが），基本的にこの立場を支持するものである。ただし，この考え方に従い民法772条の嫡出推定を排除し得る場合を狭く解すると，しばしば血縁の有無という生物学上の父子関係の真実に矛盾する結論に到達する。判例，学説において多様の見解が展開されている所以である（我妻栄・親族法218頁以下は，この間の問題につき高度の理論を展開した有益な文献である）。

本判決の少数意見，ならびに，原審判決は，反対説を採用した典型例であるが，さらに，（後に詳述するが，）本判決後の現段階にあっても，裁判所の実務ではむしろ反対説にそう運用を肯認，継続する傾向があるらしく，この現象を是認ないし看過している多数の文献が存在する。万人が納得する理論の確立に近づくためには，高度の倫理的，社会学的，生物科学的観点からの検討結果をも採り入れた立法に期待するしかないであろう。本稿は，上記の難題にくまなく対処，論及するものでなく，関連分野にかかる現行法制の骨格維持を前提とし，論議の主題を若干限定した私見の記述にほかならない。

I　嫡出否認の訴えにかかる現行制度の問題点

1　現行制度の基本構造

民法772条によると，妻が婚姻継続中に懐胎した子は，夫の子と推定されるが，この嫡出推定を覆すには，嫡出性を否認し得る唯一の適格者とされる夫（同法774条）が原告となり，子または親権を行う母を被告とする「嫡出否認の訴え」を提起しなければならない（同法775条）。出訴期間は，原則として夫が子の出生を知った時から1年以内である（同法777条。例外・同法778条）。

これは形成の訴えであって，原告勝訴の判決が確定することによりはじめて嫡出推定が覆滅し，その効果は，子の出生時まで遡り，当事者のみならず第三者に対しても生ずることになる（人事訴訟法24条1項。Vgl. §1599 Abs. 1 BGB, §184 FamFG.）。換言すると，この判決確定以前の段階では，何人も問題の父子関係の存在を否定することができないわけである。

2　訴え提起権者の範囲拡張の必要

嫡出否認の訴えの基本構造は，前段記述のとおりであり，制度自体の存在理由は，筆者も身分法秩序の安定維持の観点からこれを肯定的に理解するものである。しかし，現行民法典の規定する提起要件は，厳格に過ぎると思われる。出訴期間を原則「子の出生を知った時から1年以内」に限っているのもその例であるが（ドイツ法では「2年以内」。§1600b Abs. 1 BGB.），訴えの提起権者を父（夫）に限定しているのは，もっと問題であろう。

例えば，冒頭掲記の最高裁判決の事案では，子の法定代理人（母）が戸籍上の父（夫）を被告として親子関係不存在確認の訴えを提起したところ，嫡出推定が現存しているという理由で，あえなく訴えが却けられたのであるが，子や母にも嫡出否認の訴えにつき提起権が与えられていた場合には（自ら嫡出の否定に繋がる特段の主張を構えることが可能となり），その思いを遂げる途が開かれていたかもしれないと思われる。

上記の問題点につき，諸外国の立法がどのように対応しているかは詳知しないが，2008年6月以降現行のドイツ法（§1600 BGB）は，同種否認の訴えの提起権者（Anfechtungsberechtigte）につき，(1)子の出生時に母と婚姻関係にあり，または子を認知した男性（夫・父）にとどまらず，(2)子の母との間に受胎時に性関係があった旨宣誓確認した男性（血縁関係上の父）（ただし，子と上記(1)の意味での父の間に社会・家族的関係（sozial-familiäre Beziehung）が皆無であり，または彼の死亡時点で皆無であった場合に限る。），(3)母，(4)子，(5)夫・父が子を認知した場合に（Landesregierungenが指定する）所管官庁にもこれを認めている。この立法がかの地においてどの程度まで積極的的評価を受け，運用効果をあげているかは知らないが，周到，適切な内容と思われ，わが国の関連法規よりすぐれていることは疑いなく，将来の立法に際し好個の参考資料になり得るものと信ずる。

Ⅱ　父子関係不存在確認の訴えを受けた裁判所の正しい対応

1　嫡出推定が成立している場合

前述のとおり，民法 772 条によると，妻が婚姻継続中に懐胎した子は，夫の子と推定されるが，この嫡出推定が覆されるのは，夫が嫡出否認の訴えを提起し，原告勝訴の判決が確定した場合に限られるのが原則である。この原則が妥当する限り，上記判決確定以前の段階では，何人も問題の父子関係の存在を否定することができず，父子関係不存在確認の訴えは，排斥を免れない。本稿冒頭掲記の最高裁判決に見られる論旨の骨子は，上述のとおりであって，その限りでは反論の余地がない。

しかしながら，最高裁が当該事件において原告が提起した父子関係不存在確認の訴えを「不適法」と断じ，これを「却下」しているのは，（先駆する同裁判所平成 10 年 8 月 11 日判決・判例時報 1655 号 112 頁も同旨であるが，）誤りであると信ずる。

最高裁は，民法 772 条の嫡出推定が成立している場合には，「親子関係不存在確認の訴えをもって当該父子関係の存否を争うことはできないものと解するのが相当である。」と判示しており，こうした文章表現は，同一または類似系列の事案にかかる他の裁判例や文献でも，大同小異のものが慣用的に用いられているけれども，その場合の原告の請求が失当であるというのか，訴えが不適法であるというのかは，文言上明らかでない。（ちなみに，認知されていない非嫡出子が提起した父子関係存在確認の訴えに関して，最高裁平成2年7月19日判決・判例時報1360号115頁の控訴審東京高裁平成1年2月27日判決；大阪高裁昭和48年9月28日判決・高民集26巻3号332頁は，当該訴えが自然血縁的親子関係という「事実の確認」を求めるものだから不適法だと説示している。しかしこの「事実の確認」云々の論法は，原告の請求に対する裁判所の恣意的な曲解を前提としており，不適法却下の論拠たり得ない。原告の請求を素直に解すると，それは，自然血縁的親子関係それ自体の確認を求めていたのではなく，認知を経なくても法律上の親子関係が成立し得るとの―誤った―理解に基づき，まさにその法律上の親子関係の存在確認を求めていたものである。拙稿・民事裁判における適正手続167頁)。

私見によれば，前掲最高裁判決は，原告が提起した訴えにつき訴訟要件の欠缺によりこれを不適法とする所以を全く論証，記述していない。しかし，嫡出否認の訴えと父子関係不存在確認の訴えとの関係をめぐる本判決の事案において，原告の具体的請求は，判決三段論法の大前提をなす関係法規の内容を正しく把握せず，「嫡出否認の判決確定による形成の効果が発生する前でも，当該父子関係の存在を否定することができる」との誤った前提に立脚して構成されている。

すなわち，原告の訴えには，これを不適法として却下すべき事由が見当たらないけれども，その請求は，構成内容の主張自体に有理性（Schlüssigkeit）を欠いているから，理由がないものとして棄却するのが相当であったというべきである（兼子一「親子関係の確認」民事法研究1巻353頁)。

2 嫡出推定が排除される場合

前掲最高裁判決の多数意見も，「民法772条2項所定の期間内に妻が出産した子について，妻がその子を懐胎すべき時期に，既に夫婦が事実上の離婚をして夫婦の実態が失われ，又は遠隔地に居住して，夫婦間に性的関係を持つ機会がなかったことが明らかであるなどの事情が存在する場合には，上記子は実質的には同条の推定を受けない嫡出子ということができるから，同法774条以下の規定にかかわらず，親子関係不存在確認の訴えをもって夫と上記子との間の父子関係の存否を争うことができると解するのが相当である。」と説示し，複数の同旨先行最高裁判決を挙示引用している。そして筆者も，現行法の解釈論としてこの立場に左袒するものである。

しかし嫡出推定に疑問を挟むべき原因事実が生ずる場合は，最高裁判例が挙示する事例以外にも，夫が生理的に生殖不能であるとき，DNA鑑定の結果が父子関係の存在に否定的であるとき，母が懐胎時の前後継続的に婚姻外の多数または特定の男性との間に性的交渉をもっていたことが証せられたときなど，複雑多様に伏在している。多くの文献において論議が絶えない難しい問題であり，これらを漏れなく把握して嫡出推定否定の明確な規準を定立することは至難であろう（§1600d Abs. 2 BGBも，嫡出推定が「重大な疑問」(schwerwiegende Zweifel）を伴えば否定されるという概括的文言の規定にすぎない。その解釈につき，Vgl.Gernhuber/Coester-Waltjen, Familienrecht 6. Aufl. S. 620)。ただし，嫡出否認の訴えにつき原告適格者の範囲を前述のように合理的に拡大させる立法が実現すれば，妻や子からも，この間の問題を抱えた案件をこの否認訴訟での審理，判決に委ねる途が開かれるわけである。

そうすると，あえて従来どおり父子関係不存在確認の訴えを提起し，そこで「民法772条所定の嫡出推定の排除を相当とすべき特段の事情」に論及する実益と必要は，かなり少なくなるものと推測する。

Ⅲ　合意に相当する審判の制度の否認

1　序説──嫡出否認制度回避の実務慣行

家事事件手続法277条の「合意に相当する審判」の制度の骨子は，多くの態様の人事訴訟事項にかかる家事調停手続において，当事者間に紛争対象の実体関係に争いがなく，所期の審判を受ける合意が成立し，裁判所も必要な事実調査の上合意を正当と認めれば，当該合意に相当する審判（裁判）をすることができるというものである。そして，冒頭掲記の最高裁平成26年7月17日判決における金築裁判官の反対意見中には，「家庭裁判所の実務においては，家事事件手続法277条（旧家事審判法23条）の合意に相当する審判により，嫡出推定を否定する方向でこの種の紛争の解決が図られることが少なくなく，……

このような運用がなされているとすれば，具体的に妥当な解決を図る目的で，嫡出否認制度の厳格さを回避するために生まれた運用ではないかと思われる。」との合意に相当する審判の制度と運用を肯定的に評価する文言があり，この記述引用部分の事実認識は，筆者が仄聞する家裁実務の内容にも符合している。

しかし，上記の反対意見と実務慣行は，すこぶる恣意的であって，オーソドックスな理論に背馳するものであり，到底これに賛同することができない。そもそも合意に相当する審判の制度は，その不合理性の故にかねて有力な識者から激しい論難を受けているものであり（兼子一・「人事訴訟」家族問題と家族法Ⅶ 186 頁以下，鈴木忠一「非訟事件に於ける検察官の地位」非訟・家事事件の研究 131 頁以下。下記の私見も，多くをこれら先達の論稿に負っている），わが国の憲法を頂点とする司法制度全般と整合せず，その効力を全面的に否定するのが正しいと信ずる。

2　制度の恣意的構造

家事事件手続法 257 条 1 項，2 項によれば，人事に関する訴訟事件その他家庭に関する広範囲の事件について訴えを提起しようとする者は，まず家庭裁判所に家事調停の申立てをしなければならず，この申立てを経由せずに訴えを提起すれば，裁判所が原則として職権で事件を家事調停に付さなければならない。いわゆる調停前置主義の制度の骨子である。

ところが，合意に相当する審判の対象および要件に関する同法 277 条 1 項（旧家事審判法 23 条もほぼ同旨）の適用を受ける各種人事に関する訴訟事件は，婚姻・養子縁組・協議離婚・協議離縁の無効・取消し，認知，認知の無効・取消し，重婚の場合の父の指定，（本稿の主題をなす）嫡出否認，（同じく）実親子関係の存否確認，養親子関係の存否確認にかかるもので，いずれも当事者が訴訟物につき処分の自由を有しないため，請求の認諾・放棄，和解と等しく，本来調停には親しまぬ事件にほかならない。

そこで同条では，その間の辻褄を合わせるため，対象事件につき調停手続の過程で当事者間に実体関係の合意が成立しても，「調停成立」の形ではなく，「合意に相当する審判」という形の裁判をもって事件を終了させることとしている。

要するに，立法者は，本来調停に親しまない各種人事訴訟事件につき，関係人に調停の申立てを強制し，関係人が調停申立てを経由せずに訴えを提起すれば，裁判所が職権で事件を調停に付するという矛盾をおかし，さらに続く手続過程では，上記の矛盾を糊塗すべく，関係人が申し立てていない「審判」という形の裁判によって事件を終了させることを是認しているのである。これは，立法者が恣意的に創造したいわば「まやかし」の制度にほかならない（鈴木忠一・前掲論文 131 頁）。

なお同法 279 条，280 条によれば，合意に相当する審判に対しては，当事者および利害関係人から異議を申し立てることが認められているところ，もともと審判は関係人の申立てがないのに裁判所が勝手にしたものであるから，異議を申し立てたのが合意に関与した当事者の場合も，その異議が適法であれば（理由がない場合でも）対象の審判を当然に失効させるのが筋と思うのであるが，現行法の下では，適法でかつ理由があるときにようやく審判が取り消されることになっている（同法 279 条 1 項，280 条 3 項）。

そして，異議の申立てがないとき，または異議の申立てが排斥されたときは，合意に相当する審判は，「確定判決と同一の効力を有する」というのである（同法 281 条）。立法者は明言しないが，その趣意は，該審判に既判力を肯認するにあるものと推測される。

3 制度の違憲性──その 1

前述のとおり，家事事件手続法 277 条 1 項により合意に相当する審判の対象となる事件は，婚姻・養子縁組・協議離婚・協議離縁の無効・取消し，認知，認知の無効・取消し，嫡出否認，実親子関係の存否確認，養親子関係の存否確認にかかる人事訴訟事件である（重婚の場合の父の指定事件も同条項の列挙に含まれているが，理論上は異質の事件なので，ここでの論述対象から除外する）。

これらは，本質的には非訟事件から一線を画された訴訟事件の系列に属しており，紛争の解決は，憲法上当事者に法的審尋請求権（Anspruch auf rechtliches Gehör）の保障（Vgl. Art, 103 Abs. 1 GG）を含む対審公開の適正手続（憲法 82 条）に基づく判決に俟たなければならない（兼子一・前掲論文188頁）。これを同条項の「審判」という非訟事件手続の裁判に委ね，審理を非公開とし，事実認定の手続についても，「必要な事実の調査」という名の下に，「自由な証明」（Freibeweis）による事実の認定を一般的に容認し，当事者の立合い，意見陳述，立証の機会などを保障していないのは，断じて憲法の想定する適正手続の要件を充たすものでない。

4　制度の違憲性――その2

合意に相当する審判の手続，制度が違憲であるとしても，現実には，その審判事件が家庭裁判所に係属する場合，またさらに該審判が家事事件手続法に準拠してなされる場合が生ずることを否めない。よって，以下そうした事案における正しい対処方法や効果につきさらに考察する。

(a) ドイツにおいては，個々の非訟事件の法条（日本法に当てはめると，例えば家事事件手続法の規定）が審尋請求権（Anspruch auf rechtliches Gehör）の保障に欠けるときには，この権利保障を定めた基本法103条1項が直接の手続法規として作用するという論法を用い，できる限り違憲論を回避する有力な学説がある（Baur, Freiwillige Gerichtsbarkeit §19 Ⅲ 1.）。

(b) しかし，訴訟事件と非訟事件とは，ひとしく裁判所の所管であっても，審理および証拠調べの方式，終局裁判の方式，上訴の許否と形式，仮差押え，仮処分の随伴の有無などで手続構造を根本的に異にする。立法者は，すべての民事事件を訴訟事件と非訟事件に配分しているのであって，裁判所や私人が合意や裁量でこの配分を変更し得る余地はない。立法者が訴訟事件としているものを非訟事件手続によって審理，裁判することも，非訟事件としているものを訴訟手続によって審理，裁判することも許されないのである（Schlegelberger, Gesetz über die Angelegenheiten der freiwilligen Gerichtsbarkeit 7. Aufl. §1 Rdnr. 15; Stein/Jonas/Schumann, ZPO 20. Aufl. Einl Rdnr, 457; 鈴木忠一・「非訟事件の裁判の既判力」同表題書16頁以下）。最高裁判所昭和35年7月6日大法廷決定（民集14巻9号1657頁）も，この趣旨にそった裁判例と解し得る。

(c) なお，前述の立法者による配分に反し，裁判所（仮定裁判所）が本来訴訟手続で処理すべき事件（人事訴訟事件）につき誤って非訟事件手続（家事審判手続）で裁判（審判）した場合，その裁判を無効（wirkungslos）とする見解がかつては支配的であった（Schlegelberger, §7 Rdnr. 12; Lent, Freiwillige Gerichtsbarkeit 2 Aufl. §7Ⅲ, §19Ⅱ2; Rosenberg, Lehrbuch des deutchen Zivilprozessrechts 9. Aufl. §13 Ⅲ2a, 鈴木忠一「非訟事件に於ける裁判の取消・変更」前掲書73頁以下）。

しかし近時の権威のある学説は，訴訟事件も非訟事件も共に基本法が認める単一の司法権（§92 GG）に服する以上，上記の場合においてその裁判が当然無効になるいわれはなく，裁判所が誤った方の法的救済の途（Rechtsweg, §17a GVG）を容認した点が違法であるにすぎないと考えている（Stein/Jonas/Jacobs, ZPO 22. Aufl. GVG §17a Rdnr. 2; Rosenberg/Schwab/Gottwald, Zivilprozessrecht 17. Aufl. §62 Rdnr. 23; Jauernig/Hess, Zivilprozessrecht 30. Aufl. §3 Rdnr. 36; Wolf, MünchKomm ZPO 2. Aufl, GVG §17a Rdnr.3)。

筆者は，この説に賛成したい。

(d) 日本法の下においては，家事事件手続法227条1項により合意に相当する審判の対象事件とされている各種人事訴訟事件について，まず調停前置主義の適用と調停手続の実施そのものが許されぬものと考えるが，誤って現実にその手続の過程で合意に相当する審判がなされた場合，その審判は，当然に無効ではないけれども，憲法違反であり特別抗告（家事事件手続法94条1項）に服すべきものと信ずる（前掲最高裁昭和35・7・6決定参照）。

（判例タイムズ1443号〔2018年〕）

3 債権差押命令の申立てに表示する請求の範囲

Ⅰ　序　　説

債務名義に表示の金銭請求債権として，一定額の元本にこれに対する一定日から完済に至るまでの遅延損害金も付加，計上されている場合（例えば，判決主文が「被告は原告に対し，金100万円とこれに対する2018年10月1日から完済に至るまで年5分の率による金員を支払え。」となっているとき）であっても，その債務名義に基づく債権執行が実施される事案では，執行裁判所による年来の要請ないし意向が実務を支配し，

⑴ 差押命令の申立てに掲げる附帯遅延損害金の請求の範囲を差押命令申立ての日までの発生分に限定する慣行であり，

⑵ ただし当該執行手続が進行して配当の段階になると，かつて明示的に上記の限定的請求に甘んじていた債権者が，差押命令申立日の翌日から配当期日までの遅延損害金につ

いても，特段の事情がなければ計算された額の配当を受けることが容認される，

という扱いである。

筆者は，こうした実務の扱いに少なからぬ違和感を抱くものであるが，近年の両度にわたる最高裁判所判例

① 平成21年7月14日第三小法廷判決・民集63巻6号1227頁

② 平成29年10月10日第三小法廷決定・民集71巻8号1482頁

は，共通の論拠を掲げて上記の実務扱いが正当であると説示している（先駆する福岡高裁宮崎支部平成8年4月19日決定，同高裁平成9年6月26日決定・ともに判時1609号117頁以下も同旨）。

本稿は，向後の関連執行実務が尋常かつ合理的に運用されることを期待する見地から，上記の実務慣行と判例理論に批判を加え，標記の論題にかかる私見を記述するものである。

Ⅱ　関連の実務慣行と判例理論の内容

前述の実務慣行とこれを容認する前掲最高裁①判決（②決定も同旨）の説示は，次のとおりである。

「金銭債権に対する強制執行は，本来債務者に弁済すれば足りた第三債務者に対して，差押えによって，債務者への弁済を禁じ，差押債権者への弁済又は供託をする等の義務を課するも

のであるから（民事執行法145条，147条，155条，156条参照），手続上，第三債務者の負担にも配慮がされなければならない。債権差押命の申立書に記載する請求債権中の遅延損害金を申立日までの確定金額とすることを求める本件扱いは，法令上の根拠に基づくものではないが，請求債権の額を確定することによって，第三債務者自らが請求債権中の遅延損害金の金額を計算しなければ，差押債権者の取立てに応ずべき金額が分からないという事態が生ずることのないようにするための配慮として，合理性を有するものというべきである。そして，元金及びこれに対する支払済みまでの遅延損害金の支払を内容とする債務名義を有する債権者は，本来，請求債権中の遅延損害金を元金の支払済みまでとする債権差押命令を求めることができ，差押えが競合するなどして，配当手続が実施されるに至ったときには，計算書提出の有無を問わず，債務名義の金額に基づいて，配当期日までの遅延損害金の額を配当額の計算の基礎となる債権額に加えて計算された金額の配当を受けることができるのであるから（同法166条2項，85条1項，2項），本件取扱いに従って債権差押命令の申立てをした債権者は。第三債務者の負担について上記のような配慮をする限度で，請求債権中の遅延損害金を申立日までの確定金額とすることを受け入れたものと解される。

そうすると，本件取扱いに従って債権差押命令の申立てをした債権者であっても，差押えが競合したために第三債務者が差し押さえ債権の全額に相当する金銭を供託し（同法156条2

項)，供託金について配当手続が実施される場合（同法166条1項1号）には，もはや第三債務者の負担には配慮する必要がないのであるから，通常は，債務名義の金額に基づく配当を求める意思を有していると解するのが相当である。」

Ⅲ 上記の慣行，判例理論に対する批判

上記の慣行とこれを是認した判例理論は，誤りであると信ずる（問題の最高裁判例については，すでに多数諸氏の評釈が公表されており，筆者はそのすべてを閲読したわけではないが，目に触れた限りでは濃淡の差こそあれおおむね判旨に若干同情的であり，これに対する反意を明確に表明しているのは，松本博之・民事執行保全法258頁以下だけである）。

1 そもそも金銭債権の満足に向けられた債権に対する強制執行は，段階的に差押命令（Pfändungsbechluss）の申立て，発令，送達の経過をたどる差押手続（Pfändung）から被差押債権の換価にあたる移付手続（Überweisung）に移行するものであり，両手続は截然と区別され，それぞれが独立，別個の性質を有し，別異の作用を営む構造になっている（この点を直截に説示する文献として，Stein/Jonas/Brehm, ZPO22.Aufl. § 835Abs.1）。すなわち差押手続は，債務者による被差押債権の処分の禁圧を主眼とするものであり，それだけでは債権者に第三債務者からの給付による満足に繋がらず，その満足に繋がる債権者の権利

増大の効果をもたらす手続の段階は，移付手続以降のそれにほかならない。以上は，あたかも仮差押えにおける命令手続と執行手続との段階的峻別に類似するものである。

差押えから移付への移行は，同時または即時の継続であることを必要とせず，差押命令に表示される請求債権の額と当該差押えに続く移付の対象となる債権の額とでは，後者が前者を超えては困るが（民事執行法155条1項ただし書），後者を前者の一部にとどめることは妨げない（Baumbach/Lauterbach/Albers/Hartmann, ZPO67.Aufl. §835Rdnr.2）。

債権者は，差押えの効力が発生した後の段階である移付の態様として，(a)（民事執行法155条1項本文により，差押命令が債務者に送達された日から一週間の経過後に許される）取立て（Überweisung zur Einziehung）または，(b)（取立ての手続を排除した形態の）転付（Überweisung an Zahrungs statt zum Nennwert）のいずれかを選択し，その手続を進めることになる（§835Abs.1ZPO）。いずれの選択の場合にあっても，移付以降の手続は，差押命令に表示された（附帯の遅延損害金を含む）請求の内容，範囲に従い，次の段階で施行されるのである。

2　債権執行の手続構造は，常に上記のとおりであり，最高裁の説示で論議の限定対象としている移付の態様が（転付でなく）取立ての案件についても，例外ではあり得ない。

しかし，筆者が判旨の全体を読んで受けた印象によれば，最高裁が論議の対象案件を上述のように限定している背後には，差押えと移付との段階的峻別について明確な認識を有しておらず，かつ，ほとんどの債権執行が差押えと取立ての不可分に近い密接な関連をもって運営されていることから，これを例外のない常態と見る錯覚に陥っている疑いがある。

3　すべての債権執行に通ずる一般論に徴すれば，差押命令に表示された請求債権の範囲は，常に（転付の場合も含めた）移付以降の手続内容を拘束する前提規準となる。そして債権者が執行申立書に表示し得る請求の範囲については，債務名義表示のそれを超えていなければ，特段の事情がない限り，執行裁判所の発する差押命令においてそのまま容認，表示される建前になっているはずである。最高裁は，被差押債権の取立ての際に第三債務者が被る負担額算定の技術的困難を避けるため，債権者の申立てとこれを受けた執行裁判所の差押命令において，あらかじめ遅延損害金の請求を差押命令申立日までのそれに抑えるのが合理的であると強調しているけれども，奇怪な議論と評すべきである。最高裁の懸念，配慮は，必然的に債権者に許された請求債権額につき減少の損失効果を伴い，決して当を得たものではない。さらに強調すべき事情として，上記の技術的困難が生ずるのは，債権者が移付の手続を取立て方法によるものと選択した案件に限られている点に留意しなければならない。債権者は，論理的に移付手続の選択に先立つ差押命令の申立ての段階において，最高裁が懸念している事情を顧慮する必要のないことは，勿論である。また執行裁判所としても，かりに移付手続の段階に至れば最高裁が第三債務者利益保護の見地から憂慮している事態が生ずるであろうと予測し得たにせよ，あらかじめこの事情を斟酌し，差押命令に表示された認容請求額に減少の措置を講ずることは，債権者による正規の明示的認容がない限り，許されぬところであろう。

4　上記の次第で，筆者は，債権者が債権差押命令申立書に表示の請求債権中に申立日の翌日以降の遅延損害金も計上し，執行裁判所もこれを認容することが許されると信ずるが，債権者が実際の事件で申立書に表示の請求につき，明示的に遅延損害金の計上を申立日までのそれに限定したときは，執行裁判所は，差押命令とこれに続く手続においてこの限定に従わねばならないと考える（この点では，前掲最高裁判例②平成29年10月10日決定よりも，同決定によって破棄された原審東京高裁平成28年8月10日決定の方が筋の通った判断をしている）。

最高裁は，この場合でも債権執行が配当段階に入れば，債権者としては，本来請求可能の債務名義で許容の限度まで差押命令申立日の翌日以降の遅延損害金についても請求するのが真意であったと解し，相応の配当金の支払いを受けることができると説示している。しかしこれは，先行する判断に無理があるため，意想表示の解釈に関しあまねく支持されている思考から遊離した詭弁を弄し，処分権主義に反する暴論をあえてしたものと評せざるを得ず，到底賛成することができない。

5　本稿の主題については，ドイツにおける債権執行の実務慣行も，筆者の手許の文献によれば，当然のことながら，わが国における前示の実務慣行と最高裁判例とは全くおもむきを異にしており，私見にそうものである（Schrader/Steinert, Zwangsvollstreckung in das bewegliche Vermögen 6.Aufl. Rdnr.808-803; Locher/Mes,Prozessformularbuch 8.Aufl. III.B.6）。

4 民事保険の裁判手続における本案請求権の扱い

序　説

民事保全とは，関係基本法規の民事保全法1条に明記されているとおり，(1)民事訴訟の本案の権利を保全するための(a)仮差押え，(b)係争物に関する仮処分，ならびに，(2)民事訴訟の本案の権利関係につき仮の地位を定めるための仮処分の総称である。段階的には，通常の判決手続と強制執行手続の関係に準じ，狭義の裁判手続（保全訴訟）と執行手続（保全執行）とに区別され，前者は，後者の実施に欠かせぬ債務名義たる仮差押命令および仮処分命令の発令，これに対する救済などの手続である。民事保全法は，仮差押命令と仮処分命令とを「保全命令」と名付け，同じ名称の第2章で規整している。保全命令は，一定の本案請求権──被保全権利──(「保全すべき権利または権利関係」──民保法 13 条──）の存在が肯認された場合にその暫定的保全を図る裁判である。

I　仮差押命令手続における本案請求権の特定表示

仮差押押命令の前提となる被保全権利については，債権者の申立てに基づき特定の発生原因と金額（Grund und Betrag）を明示しなければならず，この特定明示を欠いているときは，有効な（wirksamer）仮差押命令が発せられたと認めることができない（Stein/Jonas/Grunsky, ZPO 22. Aufl. §922 Rdnr. 31; MünchKomm ZPO-Heinze, 2. Aufl. §922 Rdnr. 25; Gaul/Schilken/Becker-Eberhard, Zwangsvollstreckungsrecht 12. Aufl. §77 Rdnr. 76）。

すなわち仮差押命令とその申立てにおいては，基本をなす具体的本案請求権──被保全権利──につき種類，数額，発生原因が明確に表示され，他との識別が容易であることが求められる。仮差押命令によって保全される実体法上の権利は，この特定掲記された被保全権利に限られる。仮差押命令の根幹部分をなす主文（民保規 9 条 2 項 5 号）は，当該一定の被保全権利のため債務者の財産の仮差押えを許す旨の宣言にほかならない。

そして仮差押命令の申立ては，そこで債権者が特定表示した被保全権利につき，その内容，限度に従って事件係属の効果が生じ，重複する申立てが禁止され（民訴法 142 条の準用。Stein/

Jonas/Grunsky, ZPO 22. Aufl. vor §916 Rdnr. 11)，被保全権利の消滅時効完成猶予の効果も生ずるのである（改正民法149条2号。戸根・判タ1427号60頁)。

Ⅱ 仮処分命令手続における本案請求権の特定表示

前述のとおり，仮差押命令とその申立てには被保全権利を発生原因，金額を明示すべきであるとすれば，これと同じ意味合いで，仮処分命令とその申立てにおいても，本案請求権をその種類と発生原因を明らかにして特定表示する必要があるとしなければならない。

仮処分命令における本案請求権の必要的表示は，技術的に主文でなく理由中でこれをすることになる。(本文には，裁判所が債権者の申立てに基づきその範囲で選択した「仮処分の方法」が記載される。）その理由の記載に関しては，下記のとおり実務で粗略に過ぎる扱いが横行しているけれども，爾後の手続が円滑，適正に進行するためには以下に述べる諸点に留意しなければならない。

（1） 仮処分命令に付する理由については，民保法16条但書により「理由の要旨」を示すだけでよいことになっている。そこでこれを受けた裁判所の実務慣行では，個々の事案による個別具体的事情，ことに本案請求権の種類，発生原因に触れることをおろそかにし，単に「債権者の申立てを理由があるものと認め」といった文言だけですますのが通例であり，諸家も，前掲規定の「理由の要旨」としてはこれで十分であると説いている（竹下＝藤田編・注解民事保全法〈上〉171 頁〔高野〕；瀬木・民事保全法〈新訂版〉252 頁)。しかしこの扱いは，実質的に「理由の欠如」を容認するに等しく，ナンセンスといわねばならない。そして，保全異議（26 条)，本案起訴命令（37 条）の申立権者たる債務者の利益保護に欠け，手続の適正が十分に保たれていないと思われる。(因みにドイツ法では，口頭弁論を経ぬ仮差押え，仮処分決定に理由を付する必要がない建前になっており，この点は，ドイツにおける立法の不備だと思うが，実務の取扱いとしては，決定書に少なくとも当該仮処分命令申立書の写しを添付すべきものとされているようである。Vgl. Stein/Jonas/Grunsky, ZPO 22. Aufl. §922 Rdnr. 5)。

（2） 仮処分命令に掲げる理由の記載に当たっては，主文で表示されている仮処分の方法が同じ文言表現でも，本案請求権が違うと，意味合い，効果が異なる場合があることに留意しなければならない（例えば，（ⅰ）甲の目的物件使用を乙が受忍すべき旨の先行仮処分は，占有権に基づくときは自力救済禁圧の意味でしかないから，乙からの本権に基づく同物件を甲が収去すべき旨の後行仮処分の障碍とならないが，先行仮処分が所有権に基づくときは反対方向矛盾内容の後行仮処分が許されない。（ⅱ）物の引渡請求権保全のために保管人を置く仮処分は，所有権に基づくときは執行力が債務者の特定占有承継人に及ぶが，契約解除等による債権的請求権に基づくときはこうした執行力の拡張が否定される。なお,（iii）建物の処分禁止の仮処分につき民保法58条, 64条, 同規則22条参照)。

Ⅲ 保全命令の適正内容に「請求の基礎」の概念を導入する異説

上記の私見とは根本的に異なり, わが国においてあまねく敷延する判例, 学説によれば, 保全命令とその申立てに掲記される被保全権利については, 本案訴訟の訴訟物と厳格に同一である必要はなく, 両者の間に「請求の基礎」が共通であれば足り, この共通性さえ保たれておれば, 例えば, 本案の起訴命令（民保本37条）に応じて提起された訴えに掲記の請求が, 先行する保全命令に掲記の本案請求権と異なっていても, 保全命令を取り消すべきでないというのである（最高裁昭和26年10月18日判決・民集5巻11号600頁以下, 同昭和59年9月20日判決・民集38巻9号1073頁, 平成24年2月23日判決・民集66巻3号1163頁参照。吉川・保全処分の研究312頁, 鈴木・民事保全講座Ⅰ 370頁など)。

そして実務の圧倒的大勢も, こうした本案請求権の流用を肯定する前提で運用されている。この考え方では, 民事保全の裁判手続全般を通じ具体的事件の基本をなす本案請求権が何かの確定は重視されないから, いきおい保全命令とその申立てにかかる実務においては, 該請求権の特定表示をおろそかにした放漫な扱いが，程度の差こそあれ横行しているのを見る。そのため，具体的に発せられた保全命令の客観的効力の及ぶ範囲がしばしば判然とせず，また債務者は，保全異議や本案起訴命令の申立てにおいて，本案請求権につき何を争えばよいのかわからないといった結果にも繋がっているのである。

しかし，この「請求の基礎」の概念を取り入れた本案請求権流用肯定説は，実務運用の煩瑣を避けるための安易な便宜論に帰するもので，誤りであると信ずる（菊井・民訴法講座4巻1239頁，同・保全判例百選134頁以下，兼子・判例研究3巻4号43頁，三ケ月・民訴雑誌1号171頁）。

そもそも民事保全命令は，保全の対象たる権利の終局的確定の裁判手続である本案訴訟が現に係属し，または係属し得ることを前提とし，論理的にもっぱらこの本案訴訟に先駆する附随的，暫定的性格の制度として存在理由が認められる裁判である（民保法37条）。それ故あらゆる個別の保全命令は，その発令に先立つ審理で暫定的に是認された本案請求権以外の権利を保全する効力を有すべき筋合いのものでない。

そして「請求の基礎」とは，大正15年民事訴訟法が創設，導入した本邦独自の概念であり，その趣旨と存在理由は，訴えの変更の許容用件を開示すること以外にない（同法232条1項，現行民訴法143条1項）。

訴えの変更とは，従来の請求（訴訟物，本案請求権）とは別異の請求を掲げた新訴の提起を含む概念である。甲乙両請求が別異でも，相互間に「請求の基礎」の同一性があれば訴えの変更が許されるのであるが，このことから，発令前の審査で肯認された甲本案請求権に基づく保全命令が，その審査，肯認を経ていない別異の乙請求権をも保全するものとして維持され得るというのは，奇怪な論理であり，いわれないき類推でしかない。

Ⅳ　仮差押から本執行への移行

権威のある複数の学説は（わが国の文献では，以下の点につき何故か明確に言及しているものが見当たらないが），債権者が仮差押命令に特定表示されている被保全権利を肯認した本案の債務名義を取得し，執行文の付与を受け，その他法定の強制執行開始要件が充たされ，同じ対象物件につき本執行の申立てをすれば，この時点で自動的に仮差押執行から本執行に移行し，執行機関は，直ちに換価以降の手続を執行することができるわけで，これに先立つ差押えの反覆は，無意味かつ不要の手続であると解している（Stein/Jonas/Grunsky, ZPO 22. Aufl, §930 Rdnr. 13; Gaul/Schilken/Becker-Eberhard, Zwangsvollstreckungsrecht 12. Aufl. §930 Rdnr. 16; Baumbach/Lauterbach/Albers/Hartmann, ZPO 67. Aufl. §930 Rdnr. 6; MünchKomm-Heinze, ZPO, 2. Aufl. §930 Rdnr. 13; Musielak/Huber, ZPO 2. Aufl. §930 Rdnr. 8; Schschke/Walker, Arrest, Einstweilige Verfügung §930 Rdnr. 12)。

この理論によれば，(1)執行官は，執行対象の動産につき仮差押執行の段階を終えた動産につき本執行たる換価の前に占有の繰返しを必要とせず（この点は実務でもそうなっていると思う），⑵被差押債権については，その取立て，転付に先立つ本差押命令が無意味，不要であり（三ケ月・民事執行法 489 頁は反対），⑶被仮差押不動産についても，本執行への移行手続に強制競売，強制管理開始決定自体は必要であるが，そこでは差押宣言の掲記が無用であり，⑷船舶仮差押執行で船舶国籍証書等取上命令を了しているときは，本執行での再度の同証書等取上命令を要しないであろう。

上記は，仮差押執行から本執行への円滑な移行に資する有益な理論であると考える。すなわち，これを実務でも有効に適用しようと思えば，仮差押命令における被保全権利の表示につき，前述した「請求の基礎」概念の拡張利用のような素朴な考え方を導入し，粗略に扱うのは，もとより論外である。

また，わが国における従来の実務では筆者が見たことのない手続運用であるが，債権者は，仮差押命令申立ての時点から移行後の本執行による権利の最大限満足を意識し，被保全権利に附帯の利息，遅延損害金債権の計上も忘れない配慮が有用であろう。手元の文献によれば，ドイツでは上記の附帯債権の計上も実務で慣用されているようである（Schrader, Handbuch der amtsgerichtliche Praxis Bd. 1. S. 104, 106; Locher/Mes, Beck'sches Prozessformlarbuch 8. Aufl. S. 277）。

V 保全異議事件における審理，裁判の性質，内容

保全命令に対しては，債務者からその命令を発した裁判所に保全異議を申し立てることができる（民保法26条）。異議事件における審理と裁判の対象は，まず保全命令の適法性であるから，必然的に保全命令に表示された本案請求権の存否，性質などが重要な争点となる。

（1） 異議に基づく裁判は，保全命令が発令時点で適法であったかではなく，現時点（正確には民保法31条の審理終結時点）でこれを発すべきかどうかについてなされる（Stein/Jonas/Grunsky, ZPO 22. Aufl, §925 Rdnrn. 10-13; MünchKomm ZPO-Heinze, §925 Rdnr. 5)。それ故審理の対象範囲は，上記の基準によって定まるのであり，保全命令発令後の事実関係についても，双方当事者が主張を追完することができるわけである。

（2） ただし異議に基づく審理の段階で，保全命令申立ての基本となった本案請求権につき，債権者が民事訴訟法143条の準用により「請求の基礎」に変更がない限り追加的または交換的に変更することができるかどうかは，若干疑問である。

異議後の裁判がドイツ法にならい必要的口頭弁論に基づく判決であった旧民事訴訟法の下でも争われていたし（積極説：東

京高裁昭和30年9月29日判決・高裁民集8巻7号519頁；兼子・増補強制執行法311頁；沢・吉川還暦（上）384頁。消極説：東京高裁昭和31年11月10日判決・高裁民集9巻11号682頁；西山・新版保全処分概論181頁），新法下で積極説を採ると，異議後の手続で必要的口頭弁論を経ずに認可された既往の保全命令または新規に発せられた保全命令に対し，再度の保全異議の途が閉塞されることになりそうなので，一層問題であろう（瀬木・民事保全法（新訂判）363頁参照）。

しかし，通常の訴訟でも（反対説はあるが，）控訴審における訴えの変更を容認するのに格別の障碍はないと考えたい（Stein/Jonas/Althammer, ZPO 22. Aufl, §536 Rdnr. 4 usw.）。その場合には。交換的変更によって被害が新訴につき審級の利益を享受し得なくなっている。

これと対比すると新法下の保全異議の手続においても，必要的口頭弁論は排されているが，決定前の口頭弁論または当事者双方立合い可能の審尋の経由が保障されている（民保法29条）ので，若干の疑念を抱きつつ積極説に賛成したい。

（2） 保全異議に基づく審理の段階で，債権者が前段の理論に従い許されて申立てを変更した場合，それは，異議の対象となった保全命令とは別個の保全命令を新規に申し立てたことを意味する。いわゆる交換的変更は，当初の申立ての取下げを含む概念であるから，旧保全命令の失効をもたらす。交換的変更の場合も追加的変更の場合も，新規の申立てにかかる審理と裁判は，その性質が保全命令の当否に関する事後審査という通例の保全異議のそれではない。

裁判所は，控訴審判決における扱いに準じ，新規になされた保全命令の申立てについては，これを却下または棄却するか，容認するときは新規に保全命令を発すべき筋合いである。実務では，債権者の新規申立てを容認する裁判において，新規の保全命令を発するのではなく，旧保全命令を認可している扱いが多いかもしれないが（前掲東京高裁昭和 30 年 9 月 29 日判決参照），それは誤りであろう。

5 離婚の訴えと附帯申立てとの手続併合

Ⅰ　損害賠償請求の訴えとの併合

1　離婚の訴えと離婚原因事実によって生じた慰謝料その他の損害賠償請求の訴えとでは，前者が職権探知主義，後者が弁論主義を基調としており，民事訴訟法の一般原則によれば，このような準拠手続を異にする訴え相互間の併合を認める立法には，現実の事件処理に諸般の問題点を伴うことが避けられない（日本民訴法136条，ZPO§260）。

そのためドイツでは，つとにその民事訴訟法旧規定において離婚の訴えと関連損害賠償請求の訴えとの併合禁止が貫かれていたところ（ZPO§610Abs.2 S.1 aF），さらに現行家事・非訟事件手続法（Gesetz über das Verfahren in Familiensachen und in den Angelegenheiten der freiwilligen Gerichtsbarkeit）にあっては，離婚裁判事件が決定手続になっており（FamFG§38），他の判決手続事件との併合は，そもそも問題になり得ないのである。

2　もっとも，前記両者の訴えの間では審理すべき事項が共通していることが多いので，わが人事訴訟法17条は，紛争の一括同時解決と当事者の立証の便宜をはかる意味合いから，前掲原則に対する例外としてこの両者の併合を許容しており，同法8条も同じ趣旨の規定と考えられる。

そこで最高裁判所平成31年2月12日第3小法廷決定（民集73巻2号107頁）は，「離婚訴訟の被告が，原告は第三者と不貞行為をした有責行為をした有責配偶者であると主張して，その離婚請求の棄却を求めている場合において，上記被告が上記第三者を相手方として提起した上記不貞行為を理由とする損害賠償請求訴訟は，人事訴訟法8条1項にいう『人事訴訟に係る請求の原因である事実によって生じた損害の賠償に関する請求に係る訴訟』に当たると解するのが相当である。」と説示している。

3　たしかに上記最高裁決定は，わが国の現行法の解釈論として一応筋が通っているかのように見える。しかしながら私は，自身の実務体験に徴し，離婚の訴えと関連損害賠償請求の訴えとの併合審理が現実に開始している事件において，受訴裁判所が判旨の肯定的指向に順応する形で当該併合審理を安易に継続推進させた場合，むしろしばしば最高裁決定の基調としている紛争の早期解決，訴訟経済の要請に逆行し，離婚判決確定の無意味，有害な遷延を招くと確信するものである（拙稿「財産分与の請求と適正手続の保障」，「離婚訴訟は厄介なものと心得よ」

『民事裁判における適正手続』92頁，232頁)。

a　そもそも離婚の訴えと慰謝料その他の関連損害賠償請求の訴えとが併合関係にある事案においては，おおむね婚姻がすでに不可逆的に破綻しており，夫婦が別居していて，その一方または双方が新しい彼または彼女と同棲していることもまれでない。そのため，配偶者の一方に民法770条1項ないし4号所定の帰責事由が認められなくても，同法条5項の離婚原因が成立していることは，関連事項に集中させた簡単な審理により，大概たやすく判明するものである。こうした事件で離婚請求が棄却される事例は，皆無に近いであろう。

b　離婚訴訟が紛糾ないし遷延する原因の多くは，離婚事件本体よりもむしろ附随の慰謝料その他の損害賠償請求の方にある。

ここでの損害賠償請求も不法行為に基づくそれの一形態にほかならないから，訴状や準備書面中の請求原因もその線で整序して記載するのが望ましいはずだが，現実にはこの種の事件で多くの訴訟代理人弁護士が書いたそれでも，大小雑多な事実関係がいともムード的に雑然と記載されているものが多い。それというのも，弁護士は，依頼者が申し述べる余計な苦情もむげに切り捨てかねるし，そもそもこの種の事件では要件事実と単なる事情との限界が曖昧であり，前者だけを抽出，整理して記載することは，難しいわりにはメリットが少ないという事情がある。相手方当事者の側も，裁判所がどの点を重要と考えているのか確知し難いから，先方の主張に逐一反論し，自分の言い分をくどくど書き並べることが多い。いきおい当事者本人尋問も長くなるわけである。

c　さらに困るのは，離婚訴訟の被告が，原告に対する嫉妬や嫌がらせのため，理不尽な因縁をつけて婚姻関係の終了を遷延させる策を講ずるときである。その手口といえば，（私が原告訴訟代理人として実際に体験，困惑した事例であるが），求める結果が本訴と同じで余計なはずの離婚請求の反訴提起を忘れずに実行し，これに加えて附帯の慰謝料請求を構えることであって，この附帯請求では，ご多分に漏れずなるべく多くの雑多な事実をごたごたと整理せずに書き並べるのであり，またそれが間違いなく得策である。

そしてこうした案件での慰謝料請求が全額認容されることは，現実にはほとんどあり得ないから，上訴を提起する運びになるが，その場合には，自分が勝訴した離婚判決部分までも確定が遮断される（上訴不可分の原則）。かくしてとっくに破綻している婚姻関係は，なお数年間無益に継続する結果となるわけである。

d　もっとも，離婚訴訟と慰謝料請求訴訟とが併合されている案件においては，前者の方がより早期に判決に熟するのが常であり，かくて受訴裁判所が審理の過程で離婚の結論を相当と考えるに至れば，遅滞なく民半訴訟法 243 条を適用して離婚の一部判決の言渡しを先行させることができるわけで，これによって訴訟の長期継続に基づく上記の弊害が大幅に避止される筋合いである。

私は，受訴裁判所がこの線で関係訴訟を運営することを推奨したい。ただし日本の裁判実務では，請求の主観的併合ではなく複数の請求が客観的に競合している案件につき，古くから一部判決を避ける傾向が存在しているようであり，その根拠と理由は，実務経歴の長い私にも不可解である（前掲拙稿「離婚訴訟は厄介なものと心得よ」）。「判決を複数回起案して言い渡す煩を避けるため」というのであれば，裁判所の都合を当事者の権利保護より優先させる所以であって，もとより是認し得るところではあるまい。

e　ただしドイツ法にならい，離婚の裁判手続と慰謝料請求等のそれとの併合が例外なく否定される建前にすれば，これまで縷々記載したような困った事態の生ずる余地がなくなるわけである。わが国においても立法論としては，これを採用するのが望ましいと考える。

Ⅱ　財産分与の申立てとの併合

離婚請求に損害賠償の請求ではなく財産分与の申立てが附帯した場合，問題はさらに複雑になる。

1　離婚訴訟の被告としては，附帯の財産分与申立て部分において，既往，現在の関係事実を大小取り混ぜできるだけくどくど並べ立て，財産分与の目的物については，債務者からの返済が順当でない債権とか，被担保債務（殊に根抵当債務）の附着などで実質価額に流動的要素が多い不動産，時価相場の変動が激しい株式などを忘れずに組み入れることで，裁判所の明確な価額算定を困難にし，原告勝訴，被告敗訴の判決が言い渡された後でもあらかじめ意識的に当該判決につき財産分与関連の判断部分に破棄または取消し，原審差戻しの種が残り易いようにしておく事前の配慮を怠らず，上訴審でも前同様の策を繰り返すことで，確定離婚判決の取得を急ぐ原告を根負けに追い込み，多額の財産分与の応諾を迫るのが得策だということになっている。残念であるが，こういう手合いに対抗するのに適切な手段は，容易に見当たらない。

2　それというのも人事訴訟法 32 条 1 項は，「財産分与のような附帯処分の申立てについての裁判は離婚判決の中でせよ」という至極窮屈な規定の内容になっているため，慰謝料その他の損害賠償請求が附帯している前述の場合と違い，財産分与の点を後日の裁判に留保して先に離婚判決を言い渡すのは，確かに問題だといわざるを得ないのである。

そして最高裁判所平成 16 年 6 月 3 日判決（判時 1869 号 33 頁）は，さらに困難に輪をかけ，「原審の口頭弁論の終結に至るまでに離婚請求に附帯して財産分与の申立てがなされた場合において，上訴審が，原審の判断のうち財産分与の申立てに係る部分について違法があることを理由に原判決を破棄し，又は取り消して当該事件を原審に差し戻すとの判断に至ったときには，離婚請求を認容した原審の判断に違法がない場合であっても，財産分与の申立てに係る部分のみならず，離婚請求に係る部分（拙注―当該事件ではこの部分が不服申立ての論議対象にもなっていない）も破棄し，又は取り消して，共に原審に差し戻すこととするのが相当である。」と説示した。

3　しかしこの最高裁判決の見解は，すこぶる奇怪であって，賛成することができない（松本博之・人事訴訟法345頁も判旨に反対）。そもそも人事訴訟法32条1項に基づく離婚の訴えと非訟事件の性格を有する同条項所定の各種附帯処分申立てとの同時処理は，当事者の便宜と手続経済をはかる法政策上の配慮に基づく制度にほかならず，合目的性を超えた純理上の相互不可分性を意味するものでは断じてない。同法36条によれば，離婚の訴えと附帯処分の申立てとが併合された事件の進行過程において，当該婚姻が判決によらないで終了した場合には，受訴裁判所が残された附帯処分について独立の審理，裁判をすることになっている。

これと類似の考え方，順序方向によるものとして，この種の併合訴訟の進行過程から，裁判所が附帯処分につき複雑で厄介な内容決定の判断をするのを先送りにし，とりあえず離婚の結論を示すのが相当であると判断した場合には（実定法規の文言からは若干無理があるかもしれないが），裁量により離婚の訴えと附帯処分の申立てとを分離し，離婚判決の言渡しを先行させることが許されると考えたい。ちなみにドイツ法では，明文の規定をもって，弊害のない一定の場合についてであるが，離婚訴訟本体と附帯処分（Folgesache）との手続分離が許されるものとしている（FamFG§40 Abs.2. ただし，拙稿・民事裁判における適正手続95頁以下で，「（ドイツ法では）離婚事件と附帯事件に双方が一個の裁判でなされているときでも，それぞれが別個の上訴に服する……」と記述している箇所は，条文の誤読によるものであり，これを撤回する）。

6 婚姻生活共同体の保持に関する裁判の適正手続

はじめに

最高裁判所大法廷は，昭和40年6月30決定（民集19巻4号1089頁）において，夫婦の同居等に関する処分を非訟事件手続の裁判の一環をなす審判に委ねた家事審判法（現行家事事件手続法の前身）の規定が合憲であると判示した。

筆者は，かつて繰り返しこの最高裁決定の評釈を公けにしたが（①中野古希祝賀判例民事訴訟法の理論（上）98頁；②民事裁判における適正手続51頁），読み直すと，いずれの論述にも具体的事案の内容把握や理論の面で当を得ぬ箇所の散在が見られる。よって以下は，旧稿と論議の対象を同じくするが，単なる修正の域を超えた推論，表現の両面にわたる全面的改稿にほかならない。

I　婚姻生活共同体（Eheliche Lebensgemeinschaft）

日本民法 752 条は,「夫婦は同居し，互いに協力し扶助しなければならない。」という文言になっているので，従来の裁判例や論述では意識的または無意識的に，同条に関連の夫婦間の紛争が，文言どおりもっぱら「同居」自体の具体的内容やその順守をめぐるものと把握，表現する傾向があると思われ，前掲最高裁大法延決定もその例に漏れない。

しかし婚姻生活の実態は多様かつ流動的で，例えば，夫婦の一方につき刑事施設への暫時被収監，勤務先の都合による遠隔地への長期単身赴任といった事情が生じ，相当期間の「別居」が続きながら，夫婦間の平穏が保たれている事例もたしかにある。その他いろいろな場合を想定すると，同法条にいう「夫婦は同居し………なければならない」とは，夫婦の共同生活が正常で，上記のような例外的排除事情が存在しない場合の原則を宣言したものにほかならず，その意味内容をその文言どおり杓子定規に理解するのは妥当でないと思われる。

上記法条に相応するドイツ民法の規定は，その第 1353 条であり,「婚姻生活共同体（Eheliche Lebensgemeinchaft)」と題し，夫婦は，同条第 2 項に所定の除外事由がない限り，互いにこの共同体の維持に向けた義務を負う（verpflichtet）旨を宣言しており，同規定の解釈としては，夫婦の同居（gemeinschaftlicher Wohnsitz）も，当然原則的に上記の相互義務に包含されると理解されている（Z.B. Beitzke/Lüderitz,Familienrecht 27.Aufl. Rdnr.203）。この規定は，文言表現こそ簡単ながら関連する問題の核心を確実，適切に指摘したもので，その内容は，そっくりわが国の婚姻生活共同体における準拠規範として取り入れることが可能かつ妥当であると信ずる。

Ⅱ　事実審の審判の内容とその分析

1　本最高裁大法廷決定の対象となった事案の大要は，次のとおりである。

F（妻）とM（夫）は，婚姻以来M方の住所で暫時平穏に同居していたが，やがてFの側の激情的で協調性に欠ける点やMの難聴，我儘，短気が原因で互いに不仲となり，Fは，M方の住所を去り自己の実家に帰った。ところがその後Fは，夫婦不和の原因が自己の非にもあると反省し，Mの許への復帰を希求する意味合いで，Mが従前の場所でFと同居すべき旨の家事審判を申し立てた。しかしMは，これを肯んぜず，むしろ諸般の事情で離婚が相当だと主張した。

第一審福岡家庭裁判所の審判は，Fの申立てを容れ，「Mは，その住居でFと同居しなければならない。」というものであり，第二審福岡高等裁判所も，「抗告棄却」の決定をもって第一審の審判を維持した。

2　要するに事実審の審判の内容は，Fが仲直りによる従前からの――おそらく同居場所等の変更もない――婚姻生活共同体の復活維持とこれに基づくＭの義務履行を求めたのに対し，Ｍからは，むしろＦの側の権利濫用ないし婚姻破綻という事情があるので，Ｍにはそのような生活共同体の維持に向けた義務がないという免責事由（Vgl.BGB § 1353 Ⅱ）を主張したところ，裁判所がＦの申立てを容認したものである。

3　上記の次第で，本事案における事実審家庭裁判所の審判は，すでに夫婦間で明示または黙示の内容合意を見たであろう婚姻生活共同体の実在を前提とした給付裁判であるが，当該生活共同体の構成要素をなす「同居の時期，場所，態様等」の具体的内容には言及しておらず，もとよりこれを形成した裁判では断じてない。

Ⅲ　最高裁大法廷決定と関係法規，事案の実態との乖離

1　本最高裁大法廷決定は，上記事案の特別抗告審決定であり。その説示の要点は，筆者の理解によれば，

家事審判法９条１項乙類１号（現行法規では家事事件手続法別表第2）所定の「夫婦の同居………に関する処分」にかかる本事案の家事審判は，本質的に非訟事件の裁判であり，そこで表示されているのは，家庭裁判所が後見的見地からの裁量に基づき形成した当該同居にかかる「時期，場所，態様等」の具体的

内容にほかならない。

というにある。

2 しかし私見によれば，上記の説示は，関係法規の意味内容と本事案の実態からかけ離れた独自の立論である。

(a) そもそも家事審判法にも現行家事事件手続法にも，夫婦の同居をめぐる審判においては，当該同居にかかる「態様，時期，場所等」の個別具体的内容を形成，表示が必要であるとの規定が見当たらない。けだし，夫婦の同居をめぐる審判事件においては，夫婦の一方に婚姻生活共同体の正常な維持に逆行する所為があったかどうかが争われるところ，その判断の基準となり得る当該同居にかかる「態様，時期，場所等」の具体的内容は，その性質上，夫婦間の明示または黙示の合意で自主的に形成されることを原則としており，かつその自主的形成は，審判の時点においてほとんど例外なく実現している。しかも個々の夫婦にかかる同居の具体的性質，内容は，極めて多様で，かつ日時の経過に伴なう生活環境の変動等に従い流動するものであり，これを裁判の形で表現することは例外なく至難事に属する。それ故，夫婦の同居をめぐる審判の全部または圧倒的多数は，最高裁判所の認識と異なり，当該同居の具体的内容の形成，表示を包含していないのである。

(b) 以上の次第で立法者は，家庭裁判所が審判で個々の同居にかかる具体的内容を形成することを想定していなかったものと思われる。現に本事案における事実審の審判が，最高裁判所の認識と異なり，夫婦の同居を命じながらその同居にかかる具体的内容の形成に全く触れていないことは，前述のとおりである（Ⅱ3)。

Ⅳ　非訟事件手続による事件処理とその違憲性

1　本事案における事実審家庭裁判所の審判は，前述のとおり「夫婦の同居」をめぐる紛争にかかる給付裁判であった（Ⅱ)。最高裁判所は，この審判を目して夫婦間の同居の具体的内容を形成，表示した実質上非訟事件の裁判であったと説示しているが，明らかに誤りであろう。たしかにこの審判は，非訟事件手続に準拠してなされたけれども，内容としては非訟事件の裁判の要素が全く見られない。

事案の争点は，ドイツ民法1353条にいわゆる「婚姻生活共同体」の構成員たる夫婦間において，正常な共同体の保持に向けられた義務に違反する原因事実が存在したか否かであった。そして上記の義務は，同法条に見られる „verpflichtet“ と „verlangen“ の用語が如実に示唆しているとおり，まさに実体私法上のそれと断ずべきである（Palandt/Brunermüller, BGB 7. Aufl, §1353 Rdnr.3f; Gernhüber/Coster-Waltjen, Familienrecht 6, Aufl. §16 Rdnr.39-41; Beitzke/Luderitz, Familienrecht 27, Aufl. §12 Rdnr, 203; D, Schwab, Familienrecht 19, Aufl. §21 Rdnr.108ff,; keidel/Giers, FamFG 16.Aufl, §226 Rdnr.10; Rauscher/Ergarth, MünchKomm ZPO 2, Aufl, Bd.4 FamFG §266 Rdnr, 50; Prütting/

Helms/Heiter, FamFG; Bassenge/Roth. FamFG 12.Aufl. §266 Rdnr.3; Bumiller/Harders, FamFG10, Aufl, §266 Rdnr, 3)。

要するに本事案において最高裁判所が維持した家事審判は，その対象と実質的内容において非訟事件の裁判ではなく，実体私法上の紛争にかかる実質上の訴訟事件のそれにほかならなかった。

2 そもそも訴訟事件と非訟事件とは，ひとしく裁判所の所管であっても，審理，証拠調の準則，終局裁判の方式，上訴の許否と形式，再審の許否，保全処分の随伴，態様などで手続構造を根本的に異にする。両者の配分は，それぞれが取り扱う事案の性質，態様に則すべく，もっぱら立法者が主体となって憲法秩序に則り定めたものであり，裁判所の裁量や私人の合意でこの配分を変更し得る余地はない。

(1)立法者が非訟事件としているものを訴訟手続によって審理，裁判することも，(2)訴訟事件としているものを非訟事件手続によって審理，裁判することも許されないのである(Schlegelberger, FGG7.Aufl. §Rdnr.15: Stein/Jonas/Schumann. ZPO20.Aufl. Einl Rdnr, 457; 鈴木忠一・「非訟事件の裁判の既判力」同表題書16頁以下)。ことに後者(2)の場合，明かに憲法32条。82条違反の問題が生ずるであろう。

3 本事案は，裁判所（家庭裁判所）が，まさに前述した立法者による適正な配分に従わず，本来訴訟手続で処理すべき事件

（婚姻生活共同体の保持に関のする訴訟）につき非訟事件手続（家事審判手続）で裁判（審判）をした案件である。そうした場合における裁判にいかなる効力を認め得るかについて，ドイツにおける権威のある学説によれば，基本法（Gundgezetz）92条で認められている司法権（die rechtsprechende Gewalt）は単一（einheitlich）で，その範疇には非訟裁判所，非訟事件手続も訴訟裁判所，訴訟手続と同様に含まれるから，非訟裁判所が誤って訴訟事件の裁判をしても，その裁判が当然に無効（witkungslos）にはならないが，裁判所が具体的案件において誤った法的救済の途（Rechtsweg）を選択した点に違法性が認められることは，否めないというのである（stein/Jonas/Jacobs, ZPO 22.Aufl. GVG §17a Rdnr.2; Rosenberg/Schwab/Gottwald, Zivilprozessrecht 17.Aufl. §62 Rdnr.23; Jauernig/Hess, Zivilprozessrecht 30.Aufl. §3 Rdnr.36）。そして最高裁判所昭和35年7月6日大法廷決定（民集14巻9号167頁）も，わが法制下において同趣旨を説示した正しい裁判例ということができるであろう。

4　いずれにせよ，本事案において第一審の福岡家庭裁判所は，非訟裁判所たる性格に基づく権能（管轄範囲）から実質上逸脱し，本来訴訟手続で処理すべき事件の終局裁判（判決）の内容を非訟事件手続の裁判（審判）の形で実現させ，この審判は，第二審福岡高等裁判所の同じく非訟事件手続による決定においても正当として維持されたものである。しかしこうした事実審の裁判は，まさに憲法32条，82条に違反したものであったといわねばならない。

以上の次第で，私見によれば，特別抗告審の最高裁判所は，第二審決定を破棄し，第一審審判を取り消した上，「同居審判の申立て」を不適法として却下すべきであった。

（なお付言すれば，私見に従い現行法下で「婚姻生活共同体の保持」を目的とする訴えを提起する場合，その訴えは，人事訴訟法3条で制限的に列挙された類型のいずれにも該当しないから，裁判所法の諸規定に従い地方裁判所の管轄に属するものである。）

偲び草

◆ 今は亡き畏友中野貞一郎君に捧げる ◆

昨2017年2月20日この世を去った畏友中野貞一郎君は，学士院会員，大阪大学名誉教授，法学博士，ザールラント大学名誉法学博士，ドイツ功労十字勲章，勲二等旭日重光章といった赫々たる肩書，栄誉はさることながら，民事訴訟法学の泰斗として斯界の歴史に数多の優れた業績を遺したことは，いまさら喋々する要を見ないだろう。

中野貞一郎君は，生前半世紀以上の間私にとって同年輩，無二の親友であった。彼の訃報に接したとき，残された私は，寂寞感に襲われ慟哭を抑えることができなかったのである。

中野君と私とは，出身の旧制浪速高校で1年違いの同窓，東大法学部卒業年度，高等試験司法科試験合格年度，弁護士登録（大阪弁護士会，一水会）年度がすべて同じ，同時期の11年間は私立大学民事訴訟法担当教授だったことも共通で，半世紀以上折に触れ歓談と法律論（もちろんおおむね私の方が教わる側）を交わした仲である。私の執務室には，中野君から贈られた過去数十年間にわたる数多い著作，論稿のすべてが揃っており，私の最初の学術研究書につき，上梓を勧め出版社との連絡の労をとってくれたのも彼である。中野君があるドイツ人男性の側に立ち長期間無報酬で扱った離婚調停事件が，相手方の不信極まる対応のため不成立に終わったことから，訴訟手続の段階は私が交代し訴訟代理人となって遂行したものの，やはり相手方と裁判所の不条理な手続運用が災いして順調に進まず，途中の一時期，中野君に復代理人として助力してもらい，数年後やっと勝訴判決の確定に至った経緯も，今では懐かしい思い出である。

私は，近年次々に先輩，友人に先立たれ，同年輩の友人は，中野君だけになってしまった。そしてその唯一残った友人は，つねに私に対するよき理解者であった。生来あまり人好きのしない性格の私は，裁判官在任中の終わりごろには，自身の境遇や生き方にある種の限界を感じていたもので，このことを中野君に打ち明け，彼から親切な忠告を受けたこともある。私が退官後 11 年間在職することになった姫路濁協大学については，中野君から電話があり，「創立準備中の同大学では，民事訴訟法専任教授として戸根さんを迎えたいという意向で，このことを本人（戸根）に伝達するよう頼まれている。自分（中野君）も賛成だから，その就任を承諾してはどうか。」という趣旨であった。「大学教師」とは私の全く予期せぬ話だったが，「ほかならぬ中野君からの提言だ」というのが大きな動機で，一両日中に「就任承諾」の確答をした経緯である。私は，大学教師として十分な成果をあげたとはとてもいえないが，個人的にはここでの生活が結構気楽で幸せであった。

中野君は，晩年いろいろの病で入退院を繰り返し，めっきり痩せ衰えていた。私は，「暫く勉強と仕事を控えては」と諫言したのだが，これを受け容れる彼ではなかった。こちらから電話をかけても，しばしば先方からの発声が不明瞭で内容を全く聞き取れず，電話会話じたいが彼に肉体的重圧を加えていると推察し，話し続けることを諦めざるを得なかった。時に彼からの電話で明確な発声を耳にした際はうれしかったが，私に対する配慮で無理をしていたのかもしれない。いずれにせよ過労が彼の死期を早めたものと推察され，最近の加筆，上梓にかかるずっしり重い「民事執行法」横組新版の大冊を目にする度に，「残念」の想いがつのるのである。

中野君の直接の死因は，誤嚥性肺炎だったが，自宅で大勢の近親に看取られ安らかな最期であったとのことである。そして病床では静かにMozartに耳を傾けていたそうであるが，それには私が贈ったCDも含まれていたに違いないと勝手に推測している。ただし，私が彼の訃報に接しご遺族に追悼のしるしとしてお届けしたCDは，Mozartではなく Fauré の Requiem であった。

（大阪弁護士会刊行の「一水」（45号・H30・3・23）所掲）

◆ オペラの殿堂に輝いたプリマドンナと私 ◆

年輩の音楽愛好家の間では周知のことだが，戦後のイタリアオペラ黄金期にジュリエッタ・シミオナート（Giulietta Simionato）というメゾソプラノの名歌手が，ミラノのスカラ座歌劇場（Teatro alla Scala）を中心として活躍していた。

彼女は，1910年生まれで，つとにすぐれた才能に恵まれ，1933年フィレンツェでのコンクールに優勝していながら，翌年就職したスカラ座では（ファシスト政権にこびた？）いびつな劇場運営の影響で，13年間も端役，代役の下積みの地位しか与えられず，苦しい生活を余儀なくされていた。

ところが1947年10月，同劇場の公演にかかるミニョン（トーマ作曲）の主役として披露した歌唱，演技が，幕間の拍手が八分間も続いたという歴史的大成功をおさめたことから，一躍おしもおされぬディーヴァ（プリマドンナ）の地位に昇りつめ，1966年1月引退に至るまで，国内外各地の歌劇場で年間平均およそ80回の出演をこなし，並ぶ者のないメゾソプラノ歌手として名声をほしいままにした。私の手元には，スカラ座が2000年5月にシミオナートの生誕90周年を記念して特別に刊行した美しい写真集があるが，その末尾に彼女の同劇場における全出演について，年月日，曲目，役柄，オーケストラ指揮者，主要共演者名が登載されている。

その記述によると，ディーヴァの出演楽曲は，作曲者別で古くはモンテヴェルディ（1567－1643）に始まり，ヘンデル（1685－1759），グルック（1714－1787），チマローザ（1749－1801），モーツァルト（1756－1791），ケルビーニ（1760－1842），ロッシーニ（1792－1868），ドニゼッティ（1790－1873），ヴェルディ（1813－1901）……と続き，プッチーニ（1858－1924），マスカーニ（1863－1945），チレア（1966－1950）に至る広汎かつ多様なものであり，そのいずれにも高い評価を得ていたとすれば，まさに驚異というほかはない。

また，オーケストラ指揮者としてはアルトゥーロ・トスカニーニ（その名を聞けば泣く子も黙る歴史的巨匠だが，1948年6月アリゴ・ボイート追悼記念公演に先立つ自宅でのオーディションで，ディーヴァの熱唱を激賞し，目に涙したという），アントニオ・グアルニエリ，ヴィクトール・デ・サバタ，ブルーノ・ヴァルター，ヴィルヘルム・フルトヴェングラー（オペラではないが，1949年，ベートーヴエン＝第九交響曲），ヘルベルト・フォン・カラヤンといった往年の巨匠が名を連ね，歌手としては，マリア・カラス（ソプラノ），マリオ・デル・モナコ（テノール），ジュゼッペ・ディ・ステーファノ（テノール），フェルッチョ・タリアヴィーニ（テノール），チェーザレ・シエピ（バリトン），ジュゼッペ・タッデイ（バリトン）など，かつての錚々たるメンバー（いずれもディーヴァより年下）が共演しており，往年のイタリアオペラ界の様相をパノラマで観るようである。

ディーヴァは，日本にも 1956 年，59 年，61 年，63 年の 4 度にわたり NHK 招聘イタリア歌劇団の一員として来訪し，アムネリス（ヴェルディ＝アイーダ），ケルビーノ（モーツァルト＝フィガロの結婚），カルメン（ビゼー＝カルメン），サントゥッツァ（マスカーニ＝カヴァレリア・ルスティカーナ），アズチェーナ（ヴェルディ＝トロヴァトーレ），ロジーナ（ロッシーニ＝セヴィラの理髪師）の名演を披露して絶賛を浴びた。私は，上記毎回のイタリア歌劇団訪日のつどディーヴァの実演に接した，おそらくわが国では数少ない生存者の一人だろう。

彼女の演じたケルビーノ，カルメン，アムネリス，ロジーナとガラ・コンサートから受けた感銘は，ことばで表わすことができない。素人の私にはえらそうな批評はできないが，広い音域での流麗な美声には豊かな深みがあり，さまざまな役柄，場面に合わせて多様の感情表現を適切に使い分け（アムネリスを聴いた谷崎潤一郎は，「あれが人間の声か！」と驚嘆，絶賛したと伝えられる），演技も卓越しており，舞台に緊張感をもたらしていた。イタリアでもオペラの黄金期はもはや過ぎ去っており，彼女に比肩し得るメゾソプラノ歌手はその後出ていないらしいし（ディーヴァは，引退後いずれの後輩歌手にも厳しい批判を浴びせていた)，今後もなかなか期待できないだろう。

ディーヴァ，ジュリエッタ・シミオナートは，引退の直前にチェーザレ・フルゴーニというイタリア医学会きっての高名な老教授（マルコーニ，ムッソリーニ，プッチーニ，トスカニーニを診察したこともあるという）と結婚し，12年間は純然たる家庭婦人として平穏な日々を送った。そして，1978年同教授の死去に伴いオペラ界に指導者として復帰したが，現役時代と変わらぬ声名を保ち続け，90歳を過ぎてもかくしゃくとして（コンクール審査のため短期滞在のアメリカから単身帰国するや，直後の一両日内にローマとミラノの歌劇場に姿を現わしたこともあるという)，度重なる国内，国外コンクールの審査や，名声を慕い集まる後進の指導に尽瘁した。

日本にもその薫陶を受けた歌手が幾人かいるはずである。そのレッスンは，歌唱技術と芸術表現の両面で高度の水準をめざした懇切，厳格なものであり，長くむずかしいフレーズを自分で淀みなく歌ってきかせ，「この年のわたしが一息で歌えるのに，若いあなたがどうして息切れするの。」と叱咤している場景に録画で接したことがある。

ところで,「武谷なおみ」さんという大阪芸術大学教授が神戸市魚崎に住んでおられる。この武谷さんは，中学生時代にオペラ終演後のディーヴァの楽屋におしかけ，しばしばファンレターを送ったことがきっかけで，ディーヴァと知己になり，その絆でイタリア文学専攻の途に入ったという人である。

そして2人の間柄は，武谷さんがイタリア留学中頻繁にディーヴァの自宅に出入りする過程で家族同然の親密度に達し，武谷さんはディーヴァをマンマと慕い，ディーヴァは武谷さんに娘同然の愛情をそそぎ，日常の接触を通じて，イタリア語の磨き上げや豊富な人生経験に基づくもろもろの生活指導を施した。その関係は，武谷さんの頻繁な訪伊や互いの文通，電話往復を通じ，年々疎遠になることなく続いた（以上の経過は，武谷さんの数冊の著書に詳しく記述されている）。

さて，1999年3月のこと，私は，武谷さんと親しい弁護士の藤田一良君からひとつの誘いを受けた。それは，「武谷さんが近々ミラノに行ってシミオナートさんに会うから，戸根さんがディーヴァあての手紙を書き，それを武谷さんに持って行ってもらったらどうか。」というもので，私は，調子に乗ってその気になった。

しかし，教養人を自負する者にふさわしいそれなりの文体と体裁の手紙を，いったい何語で書いたものだろうか。

英語では月並みに過ぎる。フランス語なら，先方はカルメンを歌っているし私にも自信がなくはないが，中途半端だろう。やはりイタリア語が一番よいに決まっている。だがこれは，NHKのラジオとテレビでちょっと独習しただけで，まともに本を読んだこともしゃべったこともなく，はなはだこころもとない。なにしろ名詞，形容詞の語尾変化や動詞の時制，活用がめっぽう厄介なのだ。しかし頑張ってみようと，ひたすら伊和，和伊のディツィオナリをたよりに四苦八苦して書き上げた。

その大要は，「あなたが披露されたケルビーノ，カルメン，アムネリス，ロジーナのすばらしい詠唱と演技が忘れられません。頂戴したサイン入りのプログラムは大切に保管し，ご出演にかかるオペラのCDもいくつかもっております。先日NHKがあなたを主題に放映した特別番組に接してヴィデオに録画し，懐かしい追憶にふけり，あなたが今も豊かなお声と威厳のある容姿を保っておられるのに感銘しました。これからも美しくお幸せにお過ごし下さい。そして，今もあなたを敬愛する一老弁護士の存在をお心の片隅にとどめて頂ければ，幸いです。」というものである。

これを藤田君に託したのだが，なにしろ先方は超大物の有名人だから，この手紙に対する反応があるとは予期していなかったのだが，やがてディーヴァ本人からサイン入りの肖像写真が自筆挨拶文を付して送られて来たのに驚いた。うれしかったから，京漆器の盆を贈り物としてご自宅にお届けしたところ，これに対する礼状も届き，この経過は私から武谷さんに話してはいなかったのだが，後日彼女がディーヴァ宅を訪れた際，平素は感情をあまり外に出さぬディーヴァが，盆の実物を見せてよろこんでおられたと聞いている。

こうした経緯から，その後はディーヴァの誕生日とクリスマスごとに私からお祝いのカードを差し上げる慣わしとなり（そのつど文体を少しづつ変えるのは，私の語学力で少々骨折りではあった。），先方からもしばしばご自筆の返信が届いて来た。それには，時に簡単な表現ながら，現役時代のスカラ座に対する懐古の情など様々の率直な心情が吐露されていた。

ところで2010年5月12日は，ディーヴァの100歳の誕生日である。例年どおりお祝い状を差し上げる前に，念のため支障の有無を確かめようと武谷さんに電話をかけたところ，「今年はイタリアでも，格別ディーヴァの生誕100周年を祝賀する催しが予定されていると聞いていない（これはちょっと意外だった。生誕90周年の際はスカラ座が盛大に祝ったのだから）。しかしご健在で，住所の変更もない。」とのことだった。そこで，今回は例年よりも長文のお祝い状を書き上げた。その文面は，次のとおりである。

ジュリエッタ・シミオナート様

100 歳のお誕生日を心からお祝い申し上げます。

イタリアオペラの（遺憾ながら過ぎ去った）栄光ある時代は，あたかも昨日のことのように，あなたがすばらしく演じられたケルビーノ，カルメン，アムネリス，ロジーナの懐かしい追憶，さらにはレナタ・テバルディ，アルダ・ノニ，マリオ・デル・モナコ，フェルッチョ・タリアヴィーニ，ジュゼッペ・タッデイ，ニコラ・ロッシ・レメニの想い出を伴ない，私の脳裏から消え去りません。しかし，今も私の手元にはオルフェオとエウリディーチェ，セヴィラの理髪師，チェネレントーラ，運命の力，トロヴァトーレ，アイーダ，カヴァレリア・ルスティカーナのディスクがあり，それであなたのすてきなお声が聴けるのです。

あなたのご近況は，シニョーラ武谷を通じ時にふれ知る機会がございます。それで，あなたが今なお非常に若々しい活力を保っておられることを承知しており，まことにうれしく存じます。私は，85 歳の老弁護士です。あなたが身をもってお示しの積極的な生き方に，範を求めるべきでしょう。どうか末永く優雅で幸せ一杯にお過ごしのほど，衷心よりお祈り申し上げます。

敬具

＊　＊　＊

この手紙を，ちょっと早すぎるかなと思ったが，誕生日より6日前の5月6日の朝，郵便局窓口に差し出した。するとなんとしたことか，その日の夕刊紙には，「ジュリエッタ・シミオナートは，5月5日自宅で死去した。」という訃報が掲載されているではないか。

神様は，非情にもディーヴァになお1週間のいのちをお授けにならなかったのだ！

それから1ヶ月を経た6月7日，私のもとにイタリアから1通の封書が届いた。中身は，ディーヴァ生前最後のローマ近郊住所を表示した，ご遺族とおぼしい3人の方の連名発送とわかる，美しい二つ折りのカードである。

その右面には，ヨハネ福音書第11章第25節，第26節の，「イエスは申された。《予は復活であり，いのちである。予を信ずる者は，死すとも生き続けよう。生きて予を信ずる者はだれも，決して死ぬことはない。……》」との引用文が，左面には，栄光ある100年の生涯を芸術に捧げ美しく終えた世紀のディーヴァ，ジュリエッタ・シミオナートの，大きな花束を前に置きかすかな笑みをたたえた，この上なく清純な表情写真が刷りこまれている。私は，これを見て，人知れず目に涙が浮かぶのをおさえることができなかった。

（2020年）

〈著者紹介〉

戸根住夫（とね すみお）

1924年7月22日生まれ
1949年3月　東京大学法学部卒業
1951年4月～1988年4月　裁判官
1989年4月～2000年3月　姫路獨協大学教授
1988年5月～弁護士（大阪弁護士会）

〈著　書〉

『仮差押・仮処分に関する諸問題』司法研究報告書（1963年）
『コンパクト民事保全法』（2003年）
『訴訟と非訟の交錯』（2006年）
『民事裁判における適正手続』（2014年）

続・民事手続法における適正手続

2023（令和5）年2月20日　第1版第1刷発行
6807-01011：P106　¥3000E：020-005

著　者　戸　根　住　夫
発行者　今井 貴・稲葉文子
発行所　株式会社 信　山　社
〒113-0033　東京都文京区本郷6-2-9-102
Tel 03-3818-1019　Fax 03-3818-0344
笠間来栖支店　〒309-1625 茨城県笠間市来栖2345-1
Tel 0296-71-0215　Fax 0296-71-5410
笠間才木支店　〒309-1600 茨城県笠間市笠間515-3
Tel 0296-71-9081　Fax 0296-71-9082
出版契約 2023-6807-2-01011

印刷・製本／藤原印刷
ISBN978-4-7972-6807-2 C3332 分類327.200-e001